Collection
Polars réels
Dirigée par
Plana Radenovic

Vivante!

Dans la même collection

Vincent Brengarth, *Défendre l'impossible* (2024)
Margaux Mathieu, *Sambre, l'autre rive* (2024)
Thibault Tellier, *L'Enfant de La Courneuve* (2024)
Loïc Bussy, *L'éternelle innocente* (2024)
Romuald Muller, Élodie Rabé, *Ce petit morceau de tissu rouge* (2023)
Rédoine Faïd, *Depuis l'enfer gris* (2023)
Martine Henry, *Moi, maman de Jonathann* (2022)

9, rue de l'École-Polytechnique – 75005 Paris
www.michalon.fr
ISBN : 978-2-347-00377-7

Tiphanie Bel
Avec la collaboration de Stéphane Béchaux

Vivante !

Michalon Éditeur

Avant-propos

À l'arrivée du train, une jeune femme debout devant une grosse Dacia familiale noire m'a fait de grands signes de la main. C'était Tiphanie, tout sourire et toute pimpante. Assis derrière le volant, un barbu costaud me regardait au travers de la vitre. « Mon mari, Jérôme », a-t-elle précisé en faisant les présentations. On s'est serré la main, je me suis dit qu'il voulait sans doute jauger le journaliste qui allait bosser avec son épouse. Je suis monté à bord, on a pris la direction de Douchy-les-Mines en parlant de tout et de rien. En route, on s'est arrêtés chez l'avocate de Tiphanie, Hélène Galluet, pour récupérer les éléments du dossier judiciaire. Les deux femmes se sont fait la bise, l'affaire les avait visiblement soudées.

En ce mercredi de vacances scolaires, la maison du couple ne manquait pas d'animation, avec ses sept enfants âgés de 3 à 17 ans. Pour être au calme, Tiphanie et moi nous sommes installés dans la chambre à coucher parentale, elle sur les oreillers, moi au pied du lit. J'ai sorti mon ordinateur et mon téléphone pour enregistrer et on a commencé. « Racontez-moi à quoi ressemblait votre vie quand vous avez rencontré ce type », lui ai-je demandé. En préparant cette première interview, je m'étais promis de vouvoyer Tiphanie, et de ne pas déroger à cette règle pendant toute l'écriture du livre. Il me semblait en effet préférable de maintenir un peu de distance entre nous. « Il s'appelle Rudy, mais il avait un surnom de merde que je n'ai jamais compris. Les gens l'appelaient Choom », a répondu Tiphanie, du tac au tac.

Nos premiers échanges ont duré environ une heure et quart, avant que le repas familial – des pâtes carbonara préparées par le mari – ne vienne l'interrompre. Il s'agissait de planter le décor de cette histoire, qui s'était déroulée exactement dix ans plus tôt. Le 24 avril 2014, Tiphanie faisait des travaux de décoration dans la nouvelle maison du fameux Rudy. Une semaine plus tard, sa vie basculait dans l'horreur. Pour reprendre toutes les étapes de son si douloureux périple, nous avons passé de très longues heures à échanger. Nous discutions le plus souvent à l'extérieur, en nous baladant dans des parcs de

Valenciennes ou des alentours. Entre Tiphanie et moi, je crois pouvoir dire que le courant est tout de suite passé. Nous avons su nouer une relation de confiance qui a rendu les échanges très faciles. Je n'ai pas beaucoup de mérite là-dedans, sinon d'avoir essayé de faire preuve de tact et de délicatesse. Tiphanie s'est en effet révélée une formidable partenaire, à la fois chaleureuse et pétillante mais aussi lucide et subtile. Lors de nos discussions, elle n'a jamais versé une larme – elle m'a confié ne plus savoir pleurer depuis qu'elle est sortie de cet enfer. En revanche, elle et moi avons souvent ri. Tiphanie est en effet dotée d'une résilience et d'une capacité à prendre du recul remarquables.

Et pourtant. Quelques semaines plus tôt, au moment de la naissance de ce projet, j'avais des doutes. Notre duo pouvait-il fonctionner ? Y aurait-il entre nous de la confiance et de la complicité ? Je m'en étais ouvert à Plana Radenovic, la directrice de la collection Polars réels, lorsqu'elle m'avait proposé de travailler avec Tiphanie sur son histoire. « Le fait que je sois un homme ne va pas lui poser problème ? » lui avais-je alors immédiatement demandé. Pourquoi une femme de 35 ans, issue d'un milieu populaire du Nord, accepterait-elle de se confier à un homme de 50 ans, enseignant dans une école de journalisme parisienne ? Ensemble, nous n'allions pas écrire un roman *feel good* mais plonger dans une histoire intime, pleine de larmes et de sang, d'angoisses et d'emprise, de violences physiques et sexuelles… Pas forcément le genre de sujets qu'on a très envie de partager avec un inconnu. Si j'avais été à la place de Tiphanie, je crois que j'aurais dit non.

À titre personnel, ce projet m'intéressait beaucoup. Parce que je suis père de trois filles, et que mon aînée, de surcroît élève avocate, a justement l'âge de Tiphanie au moment où elle plonge dans l'abîme. Parce que le phénomène de l'emprise m'intrigue depuis toujours, et que je m'interroge sur ces mécanismes qui empêchent les victimes d'échapper à leurs bourreaux. Parce que je suis de sexe masculin et que je me désespère de voir à quel point nous, les hommes, sommes absents du combat contre les violences faites aux femmes. J'ai ainsi en mémoire une scène émanant d'un très beau documentaire de la réalisatrice belge Bernadette Saint-Rémi, *Plus fortes que les coups*. On y suit, à Liège, une réunion de service au sein du Collectif contre les violences familiales et l'exclusion (CVFE). Dans la pièce, treize personnes. Toutes des femmes…

Plana pensait qu'un tel attelage pouvait apporter quelque chose de différent à cette histoire. Un autre regard. Évidemment, il lui restait encore à obtenir l'accord de la principale intéressée, Tiphanie. Je ne sais pas trop ce qu'elle lui a raconté au téléphone

– sans doute a-t-elle mentionné que j'avais été son prof quinze ans auparavant – mais elle a su la convaincre. Plana avait suivi le procès pour *La Voix du Nord*, toutes deux avaient noué une relation de confiance qui a forcément dû jouer dans sa réponse positive.

Pour écrire cette histoire, pendant l'été 2024, je me suis évidemment d'abord appuyé sur nos conversations. Mais j'ai aussi puisé dans la vingtaine de pages que Tiphanie avait écrites au moment de son dépôt de plainte. Certains passages de ce livre sont ainsi de quasi-reproductions des mots qu'elle avait alors couchés sur le papier. Elle et moi avons aussi échangé des centaines de messages pour préciser certaines scènes, décrire des protagonistes ou des lieux, vérifier des noms ou des dates. Par souci de précision – je suis journaliste ! –, j'ai enfin épluché les dizaines de fichiers du dossier judiciaire, contenant des photos, des rapports, des lettres manuscrites, des courriers officiels, des procès-verbaux d'audition. Des pièces qui se sont révélées indispensables pour reconstruire fidèlement l'histoire de Tiphanie, car les souvenirs de cette dernière ne pouvaient suffire. Dix ans plus tard, la mémoire joue des tours : elle embellit certains épisodes, en noircit d'autres, mélange des dates et des scènes.

J'espère que ce récit aura valeur pédagogique. Qu'il participera, à sa petite échelle, à faire comprendre les mécanismes de l'emprise. Qu'il contribuera à mettre en lumière le désarroi, la solitude, le manque de soutien dont souffrent les femmes victimes de violences conjugales. Un tel travail pourrait aussi avoir des vertus thérapeutiques. Dans le cas de Tiphanie, je doute que cela soit nécessaire : je n'ai jamais eu l'impression de parler à une femme fragile, en souffrance, minée par son passé. En revanche, peut-être ce livre pourrait-il avoir des effets bénéfiques pour son entourage, notamment pour ses deux filles aînées, embarquées toutes petites dans ce cauchemar. En écrivant ces lignes, j'ai toujours eu en tête qu'elles les liraient un jour. Parce que cette histoire est aussi un peu la leur. Lana, Ambre, vous pouvez être fières de votre maman.

Stéphane Béchaux

Prologue

Échec et mat

« Tiphanie Bel, c'est à vous. »

À l'appel de mon nom, je me suis levée, un peu tremblante, le ventre noué. Je me suis approchée de la barre. Je n'en menais pas large, en ce lundi matin hivernal, dans la salle B de la cour d'assises de Douai. Pourtant, cela faisait des mois, des années même, que j'attendais ce moment.

Il était là, sur ma droite, derrière une vitre de protection, entouré de deux gendarmes. Doudoune noire, pull rayé, le teint pâle. C'était Rudy, l'homme qui m'avait fait vivre l'enfer l'année de mes 25 ans. Incarcéré depuis deux ans et demi à la maison d'arrêt de Valenciennes, il devait maintenant répondre de ses actes.

Sur le banc des parties civiles, nous étions trois. Son ex-femme, Tessa[1] ; sa belle-fille, Jennyfer, âgée de 18 ans ; et moi-même, son ex-maîtresse. Je n'aime pas trop me qualifier ainsi, mais il faut bien mettre des mots. Les dépositions des deux premières plaignantes avaient déjà eu lieu, c'était mon tour.

– Comment allez-vous, Madame ? m'a demandé la présidente.

– Très bien, et vous ? lui ai-je répondu, un peu bravache.

C'était faux. J'étais très tendue, impressionnée par toutes ces paires d'yeux qui me dévisageaient : les juges, les jurés, l'avocat général… Mon avocate, Hélène Galluet, se tenait debout sur ma gauche, à mes côtés. C'était rassurant de la savoir tout près de moi dans ce moment difficile. Quelques jours auparavant, elle m'avait donné des conseils, dans son cabinet, alors que nous préparions ce procès : ne pas regarder fixement l'accusé, ne pas lui parler, répondre simplement aux questions de la cour… Pendant les premières minutes de ma déposition, j'ai fait de mon mieux pour suivre ses préconisations. Mais ça ne fonctionnait pas du tout. J'étais stressée, confuse, incapable d'organiser mes pensées et de m'exprimer avec clarté.

1. Pour préserver l'anonymat des protagonistes de ce récit, la plupart des prénoms ont été changés.

J'ai tourné la tête vers Rudy, immobile dans son box. Mon regard a croisé celui de son avocat. Un homme dégarni aux traits empâtés, qui m'avait agacée dès notre première rencontre, dans le hall d'accueil du commissariat de Denain. Il m'observait, goguenard, visiblement satisfait de ma piètre prestation.

Son sourire narquois m'a servi de déclic. J'ai fermé les yeux, respiré un grand coup puis fait savoir à la présidente que je souhaitais reprendre depuis le début. « Mais bien sûr, Madame, on vous écoute », m'a-t-elle répondu gentiment. Sans réfléchir, je me suis lancée, en revenant quatre ans en arrière, en mars 2014. « J'ai rencontré Rudy par le biais d'une collègue, elle m'a parlé d'un tatoueur… » Au bout de quelques minutes, mon avocate, enceinte de quatre mois, a pris très brièvement la parole. « Madame Bel n'a pas besoin de moi, je vais aller me rasseoir », a-t-elle annoncé. C'était exact. À cet instant, je n'avais besoin de personne.

Pendant une heure et quart, j'ai raconté mon histoire, ce voyage au bout de la nuit dont j'ai failli ne pas revenir. Les mots venaient tout seuls, ma boule au ventre s'était volatilisée. J'avais tellement à dire ! Les jurés écoutaient en silence, concentrés, l'air grave. J'ai oublié leurs têtes, mais je me souviens d'une dame qui, discrètement, a essuyé une larme du revers de la main pendant que je parlais, et d'un monsieur, ému, plein d'empathie, qui m'encourageait du regard. Derrière moi, dans la salle clairsemée, une jeune journaliste de *La Voix du Nord* suivait les débats depuis l'ouverture du procès, le vendredi 2 février 2018. « *Cette déposition est glaçante. La maîtresse parle calmement, clairement, et elle dit des horreurs* », a-t-elle écrit ce matin-là sur Twitter.

À la toute fin de mon intervention, je me suis tournée vers Rudy, qui ne manifestait aucune émotion derrière sa vitre. Bien droite, fière, je l'ai regardé longuement puis l'ai interpellé : « Tu vois, Rudy, tu étais persuadé que je ne dirais rien. Que je ne porterais jamais plainte contre toi malgré ce que tu me faisais subir. Eh bien, tu t'es trompé. »

Sept ans plus tard, je ne peux garantir l'exactitude de ces mots, seulement leur teneur. En revanche, je me souviens très précisément des trois derniers, que j'ai prononcés en fixant Rudy droit dans les yeux : « Échec et mat. » Non, il ne m'avait pas brisée. J'étais debout, pleine de vie, insoumise.

La présidente a suspendu l'audience, c'était l'heure du déjeuner. Il était 12 h 50, ce lundi 5 février 2018. Et j'avais terriblement faim.

1.

La rencontre

Il y a des jours où on ferait mieux de se faire porter pâle et de ne pas aller travailler. Si j'avais su dans quoi j'allais mettre les pieds, en ce jour de mars 2014, je serais restée chez moi tranquille, devant la télé, plutôt que de rejoindre le centre hospitalier de Denain. Hélas, j'étais consciencieuse et j'aimais mon métier d'aide-soignante.

Vers 19 heures, je suis donc partie travailler, à pied. Il faut compter quarante minutes, trois kilomètres. Si je ferme les yeux, je peux encore faire le trajet : prendre le tunnel sous l'autoroute, longer l'interminable mur en briques, passer devant le collège Jean-Paul II puis l'énorme centre commercial Carrefour. J'aimais cette longue marche, cela me permettait de prendre l'air, de souffler, de sortir de ma petite maison de Lourches, juste en contrebas du pont de l'A21 qui enjambe le canal de l'Escaut.

Dans la salle des soignants, au deuxième étage du bâtiment gériatrique, j'ai retrouvé ma collègue, Isabelle, une très grande femme, coquette, avec des cheveux teints couleur foncée. Elle avait l'âge d'être ma mère, mais on s'entendait très bien, on se racontait nos vies quand le service de gérontologie était calme. Cette nuit-là, elle m'a dit qu'elle était invitée à l'anniversaire d'un petit de cinq ans, dont le père était tatoueur. Comme elle savait que j'adorais faire de la pâtisserie, elle m'a proposé de confectionner un gâteau pour l'occasion. Et moi, bêtement, j'ai dit « oui ». Parce que j'aimais rendre service, faire plaisir et utiliser mes dix doigts. Le lendemain, avec mon mari, Jérôme, on s'est mis aux fourneaux, dans notre cuisine récemment aménagée. Après plusieurs heures de travail, on était très fiers du résultat : on avait fait trois beaux gâteaux, dont un fraisier trois chocolats, avec un nappage bleu surmonté d'un Spider-Man dessiné à la main.

Le lendemain matin, Isabelle, Jérôme et moi sommes partis livrer le gâteau. Le tatoueur habitait dans une rue tranquille à sens unique de Denain, bordée de petites maisons en briques.

Il s'appelait Rudy, mais dans son entourage, tout le monde le surnommait « Choom ». Aujourd'hui encore, je ne sais pas trop pourquoi, peut-être qu'il y avait un rapport avec Schumacher, le pilote allemand de Formule 1. Moi, je l'ai toujours appelé Rudy, car je trouvais son surnom ridicule.

Il nous a fait entrer dans un petit couloir étroit sur lequel donnaient de vieilles portes en bois foncé aux vitres jaunâtres. Ça ne sentait pas très bon, une odeur de poils de chien flottait dans l'air. C'était le genre d'endroit sordide dans lequel on n'avait pas envie de trop s'éterniser.

Rudy nous a présenté sa femme, Tessa, et ses quatre enfants. Le dernier, âgé de trois mois, était énorme, on aurait dit un petit bouddha. Rudy nous a parlé de son métier de tatoueur. Fièrement, il a tiré sur le t-shirt de son épouse pour nous montrer l'une de ses réalisations : il avait écrit son prénom sur le haut de sa poitrine. Dans la conversation, Isabelle a mentionné les dessins muraux que nous avions réalisés dans la chambre de son dernier fils, Gianni. Quelques semaines auparavant, on avait en effet repeint totalement la pièce aux couleurs bleu et rouge du FC Barcelone, son club de foot favori. Rudy s'est montré immédiatement intéressé, car toute la famille allait bientôt emménager à une centaine de mètres de là, dans une nouvelle maison plus spacieuse. Il nous a alors proposé d'embellir les futures chambres de ses enfants, en échange de tatouages gratuits.

En retrait, Tessa, une petite brune d'une trentaine d'années, se montrait assez froide, avec un regard mauvais. Raison pour laquelle on ne s'est pas attardés dans cette maison glauque. Des semaines plus tard, j'ai appris de sa bouche les raisons de cette méfiance. « Oh, elle, c'est le style de femme qui plait à Choom », avait-elle immédiatement pensé. Je me demande bien en quoi je pouvais « plaire à Choom ». Je sortais d'une seconde grossesse et j'allaitais encore ma fille Ambre, âgée de neuf mois. Sur la balance, du haut de mon 1,60 m, je devais avoisiner les 80 kg… J'avais beau avoir 25 ans, les yeux bleus et le sourire radieux, cela ne faisait pas de moi une reine de beauté ! En tout cas, Rudy, lui, ne m'a pas du tout tapé dans l'œil. Son look ? Maigre, pas très grand, le cheveu brun sale, mal habillé. Et surtout, tatoué partout, avec notamment un scorpion bleu dans le cou et une araignée noire sur la main droite. Bref, il n'avait pas le physique du prince charmant, ce n'était pas le Brad Pitt du sud-ouest de Valenciennes.

2.
Marché conclu

La proposition de Rudy nous plaisait bien, à Jérôme et à moi. Mon mari aussi était partant pour se lancer dans ce petit chantier, pas bien compliqué. On aimait les tatouages et mon homme avait pour projet de finir celui qu'il avait commencé dans son dos. Mais comme j'étais alors la seule avec un emploi, nous avions des revenus modestes. Par ailleurs, ces travaux pouvaient nous permettre de sortir de chez nous, de retrouver un peu de complicité. Pour tout dire, notre couple n'allait pas très fort. On avait beau être encore de jeunes mariés – la cérémonie avait eu lieu dix-huit mois plus tôt, en novembre 2012 –, notre vie manquait de légèreté, de piment. La mienne tout au moins.

À la maison, Jérôme, qui avait perdu son emploi de cariste, tournait un peu en rond. Pour occuper ses journées, il passait beaucoup de temps à jouer aux jeux vidéo dans le salon, en compagnie de mon frère aîné, Cédric, qui traînait toujours dans les parages. Et pour cause, il habitait la maison presque en face, nos deux jardinets n'étant séparés que par une étroite impasse gravillonnée. Il y vivait avec Joyce, sa nouvelle copine, et le fils de celle-ci, Hicham, un gamin de cinq ans plutôt mignon. Mon frangin non plus n'avait pas de boulot, et n'en cherchait pas. Jérôme et lui jouaient à *Call of Duty* ou *FIFA* la nuit, et dormaient le jour. Et moi, qui rentrais exténuée de mes nuits de travail à l'hôpital, je devais encore gérer le foyer. Les repas, les lessives, le ménage, les couches, les courses, l'école… Un second travail à temps plein. En plus d'Ambre, on élevait ma première fille, Lana, âgée de six ans, et on accueillait aussi Océane, la première fille de Jérôme, un week-end sur deux.

Aujourd'hui, avec du recul, je me dis que ma situation n'était pas dramatique. Jérôme était quand même un bon mari, gentil, pas violent, on ne se disputait presque jamais. On manquait certes d'argent pour sortir, aller au cinéma ou au restaurant, mais on s'en débrouillait. Sauf que cette capacité à prendre les choses avec philosophie, je ne l'avais pas du haut de mes 25 ans. À cette époque, je me sentais écrasée par cette existence pleine de contraintes. Et assez seule : en dehors du travail, je n'avais pas de vie sociale, je ne voyais quasiment personne. Ces dessins muraux à peindre, c'était donc l'occasion de sortir du train-train du foyer.

On a donc donné notre accord à Rudy, qui nous a amenés sur les lieux. La maison ne se démarquait pas tellement de l'ancienne : elle était sur deux niveaux, avec une façade en briques peintes en beige. Il n'y avait pas de jardin mais une petite cour intérieure, très sombre, en bordure d'un grand terrain rempli de vieux box de garages. À quelques mètres, des ronces et des herbes folles poussaient dans un espace vert abandonné. Comme la précédente, l'habitation se trouvait au cœur d'un lieu chargé d'histoire, le « quartier Renard ». Au bout de l'impasse, un peu sur la gauche, se dressait le terril de la fosse Renard, aujourd'hui inscrit au patrimoine mondial de l'Unesco. Un symbole des luttes ouvrières qu'Émile Zola avait visité, en 1884, lors des travaux préparatoires de son célèbre roman *Germinal.*

Impossible d'affirmer que la future maison de Rudy datait de la fin du XIXe siècle. Mais elle était en tout cas dans son jus, avec ses peintures intérieures hors d'âge et son vilain carrelage marron dans le couloir de l'entrée. Sur la droite, une première porte desservait le salon puis une deuxième cachait un escalier en bois tout droit et très raide. En haut des marches, la porte de gauche ouvrait sur les futures chambres des enfants. Celle de droite donnait sur une pièce de passage qu'il fallait traverser pour atteindre la chambre des parents. C'est ici que Rudy comptait installer son salon de tatouage. Murs à la peinture blanche fatiguée, fenêtre étroite, faux plafond en dalles expansées… l'endroit manquait de charme. Il y faisait froid, un petit convecteur électrique piqué de rouille faisant office d'unique radiateur.

3.
Les travaux

Plutôt que de peindre les chambres des petits, Rudy préférait finalement qu'on décore son salon de tatouage. Il nous a d'abord demandé un premier dessin assez trash, représentant son logo. Il s'agissait d'une tête de mort au milieu d'une boule de feu, coiffée des mots "Choom Tatoo" en lettres orangées. Par la suite, il nous a commandé d'autres graffitis : un second crâne dans des flammes, des cartes à jouer, un bouledogue sur fond de gratte-ciel en feu, des machines à tatouer. À raison de quelques heures par semaine, on s'est mis au travail. Le plus souvent, on était seuls à l'étage, Jérôme et moi. On ne parlait pas beaucoup – mon homme est du genre taiseux – mais on écoutait ma playlist musicale à plein volume sur mon smartphone. Francis Cabrel, Evanescence, Bob Marley, UB40 et les Bee Gees réchauffaient l'atmosphère.

Rudy travaillait dans les pièces du bas avec des copains et son beau-frère. Il nous laissait tranquilles au premier étage, mais venait discuter pendant les pauses café. Il s'avérait chaleureux et bavard, mais sa conversation tenait du monologue. Des sujets de plainte, il en avait plein les poches de son vieux jogging constellé de taches. Il pouvait parler tout aussi bien de son enfance malheureuse, marquée par les coups de son père, l'abandon de sa mère, son errance de foyer en foyer, que de sa vie de couple chaotique. Sa femme, Tessa, de trois ans son aînée, en prenait constamment pour son grade. Il la dénigrait, l'accusant de ne pas tenir la maison, de ne pas faire la cuisine, de très mal s'occuper de leurs quatre enfants, une fille de sept ans suivie de trois garçons.

Dans mes souvenirs, on était contents de venir, en couple, pour ce projet qui nous rapprochait. On amenait parfois Ambre, qui dormait en écharpe tout contre moi pendant que je peignais. Mais cette période sereine n'a pas duré. Très vite, Jérôme a commencé à avoir des doutes sur Rudy. Il ne savait pas trop ce qu'il lui reprochait, mais il ne le « sentait » pas, il trouvait sa façon de se comporter bizarre. Et, surtout, il avait l'impression qu'il cherchait à me séduire, notamment en disant du mal de son épouse devant moi. Mon mari m'en a fait part à plusieurs reprises. Chaque fois, j'écartais ses remarques d'un revers de main. « Mais que veux-tu qu'il nous arrive ? rétorquais-je. On est mariés, on vient d'avoir une petite fille et ce Rudy ne me plaît pas. » J'étais vraiment très naïve...

Après le salon, on a attaqué les peintures de la chambre des fistons, de l'autre côté du palier. Fini les têtes de mort, place aux super-héros ! Cette fois-ci, il fallait recouvrir la tapisserie blanche à pois gris avec des scènes d'aventure. Sur le mur de droite, un énorme Spider-Man devait descendre du plafond, tête la première ; sur celui du fond, à droite de la vieille fenêtre étroite, Dusty, le petit avion rouge et blanc du dessin animé *Planes* allait survoler un paysage montagneux ; enfin, sur le mur de gauche, Flash McQueen, le bolide rouge de *Cars,* devait dévaler une route en lacets aux côtés de sa chérie, Sally, une coquette voiture bleue. Les décorations de cette chambre, nous les avons entamées tous les deux, Jérôme et moi. Mais il s'est lassé du projet : il est venu de moins en moins souvent, puis plus du tout. Moi, au lieu de lui emboîter le pas, j'ai continué les travaux en solo, sans comprendre que je me jetais dans la gueule du loup.

Le rythme de travail s'est accéléré car l'emménagement approchait. Chaque jour, je venais peindre deux à trois heures, dans l'après-midi ou en soirée, en fonction de mes horaires de travail à l'hôpital. Dans la pièce, j'étais rarement seule. Curieusement, Rudy s'était en effet mis en tête de rénover la chambre d'à côté, celle dans laquelle coucherait sa gamine de sept ans. Porte ouverte, on pouvait discuter sans même avoir à hausser la voix. Rudy parlait de ses problèmes personnels, surtout. De son père, violent, qui s'était suicidé quelques années auparavant ; de sa mère très instable, qui avait eu six ou sept enfants de pères différents ; et surtout de Tessa, dont il dressait un portrait apocalyptique.

Il exagérait, beaucoup. Il mentait, aussi. Mais il y avait malgré tout du vrai dans tout son blabla. Son épouse, âgée de 32 ans, en tenait vraiment une sacrée couche. Je me souviens de ce jour où, alors que je peignais en musique, des jurons ont retenti dans la rue. En contrebas de la fenêtre, un petit bout de femme aux cheveux noirs, le maquillage coulant sous les yeux, hurlait dans une sorte de langage gitan. C'était Tessa, affublée d'un énorme pull et d'une large veste d'homme, des chaussures sales aux pieds et son petit dernier dans une poussette. Rudy est descendu, j'ai entendu des insultes, des cris. Puis il est remonté dans un état d'énervement terrible. « Je n'en peux plus, ma femme ne fout rien, moi, je passe mes journées à rénover cette baraque », s'est-il exclamé, fou de rage.

Au milieu des personnages de Marvel et Disney, Rudy jouait donc aux anti-héros, au pauvre gars malheureux, qui a besoin d'aide. Et moi – quelle idiote ! –, je suis tombée dans le panneau. Il faut dire que j'avais le parfait profil pour cela. Élevée par une mère fragile sur le plan psychique, j'avais quitté le domicile familial dès l'âge de 15 ans. J'avais pris l'habitude depuis ma petite enfance de jouer les sauveurs. Dans mon boulot, je passais aussi mes journées à m'occuper de personnes âgées dépendantes, qu'il fallait soutenir dans tous les actes de la vie. « Vous vous soignez en soignant les autres », m'a dit, deux ans plus tard, l'experte-psychologue chargée de dresser mon portrait à la demande de la juge d'instruction. Sur le moment, son analyse ne m'avait pas convaincue, elle m'avait même agacée. Mais aujourd'hui, je dois admettre qu'elle avait 100 % raison.

En bonne soignante, j'écoutais donc Rudy avec gentillesse. Je lui glissais des conseils entre deux coups de pinceau pour qu'il prenne davantage soin de lui. Des choses simples, mais dont il a tenu le plus grand compte. Du jour au lendemain, il s'est mis à porter des jeans plutôt que ses vieux joggings sales troués, à se laver quotidiennement, à se raser, à mettre du parfum… Il est aussi allé chez le coiffeur et s'est débarrassé de son affreuse casquette Lacoste.

Jour après jour, un nouvel homme apparaissait sous mes yeux. Fredonnant les morceaux de musique que j'aimais, utilisant mes expressions, prenant soin de son allure. Il n'était toujours pas super beau avec son piercing sur la lèvre et ses tatouages grossiers, mais la transformation faisait quand même plaisir à voir.

4.
Le lâcher-prise

Suis-je tombée amoureuse du pauvre tatoueur ? Je ne crois pas, je n'ai aucun souvenir d'avoir éprouvé des sentiments pour Rudy. Ni à ce moment-là, ni à aucun autre. Mais il est certain que je trouvais agréable d'entendre des phrases comme « tu es une jolie femme » ou « tu es séduisante », que Jérôme ne prononçait plus. Il était joyeux, me faisait rire, se montrait attentionné quand mon mari, lui, ne faisait plus aucun effort pour me plaire. L'un disait « tu es mignonne, ton mari a de la chance », l'autre « qu'est-ce qu'on mange, amour ? » sans lever les yeux de son écran. Entre Rudy et moi, il y avait certainement de la complicité, un début de relation amicale. Mais pour moi, cela n'allait pas plus loin.

Au-delà des paroles, il y avait pourtant des signes qui auraient dû m'alerter. Un jour, alors que je croisais Rudy dans l'escalier, il a glissé sa main le long de mon dos. Voyant ma gêne, il s'est excusé en assurant que ce n'était qu'un simple geste amical. L'explication n'était pas très convaincante, mais je m'en suis contentée. Peu de temps après, il a franchi un nouveau cap. Du premier étage, nous sommes redescendus à la queue leuleu, Jérôme en tête, moi au milieu et Rudy derrière. Dans l'escalier, sombre et raide, celui-ci m'a déposé un petit baiser sur la nuque, furtivement, comme si de rien n'était. Un comportement totalement déplacé, que je n'ai pas du tout apprécié. En bas des marches, j'ai dit à mon mari, qui n'avait rien remarqué : « Bon, la journée est finie, on rentre. » On est partis tous les deux, bras dessus, bras dessous, mais je ne lui ai pas raconté l'incident.

Le 1er mai, je suis retournée dans la maison en travaux pour annoncer à Rudy que j'arrêtais le chantier. Je me rappelle très bien la date, car j'apportais plusieurs brins de muguet pour qu'il les offre à sa femme. Dans la chambre des garçons, il ne restait que quelques finitions à faire, je ne le mettais donc pas en difficulté.

Pour être honnête, cette décision n'était pas vraiment la mienne. Avec Jérôme, on s'était disputés la veille, ce qui nous arrivait très rarement. Il trouvait que le chantier prenait trop de temps et que j'avais déserté la maison. Surtout, il s'inquiétait du comportement de Rudy à mon égard, qu'il trouvait malsain et déplacé. C'était la première fois qu'il exprimait de la jalousie. À contrecœur, et pour la paix de mon ménage, je comptais donc en rester là. Ce que j'ai expliqué à Rudy dès mon arrivée. Ce jour-là, nous n'étions que tous les deux dans la maison.

Dans la chambre du premier étage, je me suis lancée dans les dernières retouches. Il fallait notamment écrire les prénoms des garçons sur un mur, histoire de personnaliser les lieux. Entre Rudy et moi, l'ambiance était un peu spéciale. Il était contrarié par ma décision et faisait tout son possible pour me faire changer d'avis. Il disait comprendre d'autant moins ce choix qu'on avait déjà discuté des décorations à faire dans la pièce d'à côté, celle de sa fille. Quelques jours plus tôt, j'avais en effet accepté de repartir encore pour un tour… On a aussi reparlé du baiser dans l'escalier. « C'était une marque de tendresse, rien d'autre », m'a-t-il juré, la main sur le cœur. Il m'a aussi annoncé – drôle de hasard – qu'il avait quitté Tessa, qui se trouvait de nouveau enceinte. À court d'arguments, Rudy a fini par mettre de la musique, et on s'est mis à danser. J'adorais danser, il le savait, c'était mon côté gamine. Et là, il en a profité pour essayer de m'embrasser. Je ne me suis pas laissé faire, je lui ai dit que je partais et je suis redescendue dans la cuisine chercher mes affaires. Je revois très bien la pièce quasiment vide, peinte en vert anis, avec une simple table qui trônait au milieu. Il y avait aussi des meubles de cuisine tout gris, sales, avec des portes de travers et des poignées dépareillées.

Rudy est revenu à la charge et je ne me suis pas débattue. Par je ne sais quel tour de magie noire, j'ai cédé à ses marques de tendresse et on a eu une relation sexuelle. Selon moi, même si je me sentais oppressée, il ne s'agissait pas d'un viol, ce que j'ai confirmé aux enquêteurs des mois plus tard. Disons que pendant quelques minutes hors du temps, j'ai lâché prise. Je ne me rappelle pas très bien la suite. Mais ce soir-là, il m'a ramenée chez moi, sur son scooter bleu. Un tout petit trajet, d'à peine deux kilomètres. La situation était complètement irréelle. En me levant ce matin-là, je n'avais aucune intention de changer de vie, ni de tromper mon mari. Et je rentrais de nuit, assise à l'arrière d'un deux-roues conduit par un homme qui ne me plaisait pas, mais avec qui je venais de coucher dans une cuisine sordide.

5.
Les jours d'après

La maison était plongée dans le noir, j'ai ouvert la porte sans bruit. Il était tard, mais j'avais un besoin irrépressible de me laver. J'ai pris une douche rapide dans la salle de bains, puis je suis allée me blottir contre mon mari. Il ne dormait pas, il m'a prise dans ses bras et on est restés comme ça, sans rien dire. Avait-il deviné ? Je ne peux pas l'affirmer, on n'en a jamais reparlé par la suite. Mais je crois que oui, il me connaissait tellement bien ! Cette nuit-là, j'ai beaucoup cogité et très mal dormi. J'avais peur d'avoir foutu en l'air mon existence tranquille. Je ne me voyais pas du tout refaire ma vie avec ce tatoueur beau parleur, père d'une ribambelle d'enfants mal dégrossis.

Le lendemain, au centre hospitalier, impossible de me concentrer. Je n'arrivais pas à chasser cette histoire de mes pensées. J'ai fini par envoyer un message à Rudy, lui annonçant que j'allais tout raconter à Jérôme et qu'il ne fallait plus qu'on se voie. J'avais bon espoir que mon mari me pardonne, et qu'on reprenne notre vie d'avant. Par SMS, Rudy a essayé de m'en dissuader. Il m'a fait comprendre que c'était trop dangereux pour moi, qu'il fallait que je me taise au moins pour un temps. Selon lui, je risquais de perdre la garde de ma fille Ambre, mais aussi celle de Lana, qui partirait vivre chez son père, avec qui les rapports étaient tendus depuis notre séparation. Je ne sais pas si j'ai vraiment cru ce qu'il racontait, mais cette perspective m'a refroidie. Résultat, je n'ai pas osé vider mon sac. Par ailleurs, me confier n'était pas si simple. Depuis quelques semaines, Jérôme et moi n'avions plus vraiment d'intimité : on dormait chez mon grand frère et sa compagne, dans le canapé du salon. Pour faire des économies, on avait en effet pris la décision – rétrospectivement absurde ! –, de tous vivre sous le même toit, dans un logement moitié moins grand que notre précédente maison.

Je ne sais plus trop comment Jérôme a finalement appris, quelques jours plus tard, cette aventure d'un soir avec Rudy. Il me semble que Tessa s'en est mêlée en lui envoyant des SMS. D'un commun accord, il a pris ses affaires pour retourner vivre chez sa mère, à Valenciennes. Cette séparation ne se voulait pas définitive, on cherchait à se donner du temps pour souffler et réfléchir à la suite. Le soir même, à l'heure du souper, on a frappé à la porte. C'était Rudy, lesté de deux grands sacs Aldi remplis de vêtements sales qui sentaient la cigarette. « Tessa m'a mis dehors, je n'ai nulle part où aller », a-t-il alors expliqué à mon frère sur le pas de la porte. Un mensonge, puisqu'il dormait parfois dans sa maison en chantier, sur un matelas posé à même le sol. Mon frangin lui a offert un café et ils se sont mis à parler tatouages et jeux vidéo. Je n'avais aucune envie de voir Rudy, mais personne ne m'a demandé mon avis. Vers minuit, Cédric et Joyce sont montés se coucher et il est enfin parti.

Dans mon souvenir, Rudy ne s'est jamais vraiment installé chez mon frère. Mais il venait quand ça lui chantait pour discuter, boire un café, fumer une clope. Cédric l'accueillait sans poser de questions, lui qui quelques jours auparavant jouait pourtant à la console avec Jérôme, son beau-frère et très proche ami… Pour moi, c'était intenable. Avec les trois enfants, la maison était pleine comme un œuf et je n'avais plus de chambre pour être tranquille, hors du regard des autres. J'ai donc rappelé l'agence qui nous avait loué notre précédente habitation, de l'autre côté de l'impasse. J'avais encore les clés, je me rappelle avoir pris mon téléphone dans les derniers jours du préavis. Comme aucun bail n'avait été signé depuis, j'ai pu retourner vivre avec Lana et Ambre dans la maison qu'on occupait, Jérôme et moi, et qu'on n'aurait jamais dû quitter.

6.
Une relation sensuelle

Rudy a continué ses allers-retours intempestifs entre ses deux maisons et la mienne. J'entends encore les crissements des pneus de son scooter sur le gravier quand il freinait et dérapait dans la petite impasse. Il était d'ailleurs chez moi lorsque Hervé, le frère aîné de Jérôme, a débarqué un matin. « Je viens chercher des affaires pour les apporter à l'hôpital », m'a-t-il expliqué sur le pas de la porte. À l'hôpital ? Devant mon regard ahuri, Hervé m'a appris que Jérôme avait dû être interné en psychiatrie à Valenciennes. « À cause de toi », a-t-il précisé. Sous le choc, j'ai préparé un petit sac puis mon beau-frère, témoin de notre mariage, est reparti. Cet après-midi-là, je suis montée – avec mon frère comme alibi – dans ma petite voiture grise, direction Valenciennes.

À l'entrée du service psychiatrique, j'ai dû parlementer avec les infirmières pour pouvoir pénétrer dans sa chambre. Jérôme faisait peine à voir, il avait perdu énormément de poids. On a discuté – il m'a notamment dit à quel point il m'aimait – et je suis ressortie toute tourneboulée. Je me sentais triste, en colère contre moi-même, coupable de l'avoir mis dans un tel état. Incapable d'aller travailler, j'ai appelé ma cheffe et posé deux jours de récupération.

Pendant le trajet du retour, je me suis promis de couper avec Rudy. Cette histoire tournait au désastre, il était temps d'y mettre un point final. À la maison, j'ai insisté lourdement auprès de lui. « Il ne faut plus que tu viennes, du tout. Il ne faut plus qu'on se voie », lui ai-je alors répété. Rudy l'a très mal pris. Il m'a insultée, s'est mis à hurler que c'était trop tard, de ma faute, qu'il avait tout perdu à cause de moi. Il m'a promis de me faire vivre un enfer si je le quittais, qu'il tuerait Jérôme s'il le fallait. Argument suprême, il m'a dit que je venais de foutre en l'air mon deuxième mariage et que cette instabilité me coûterait la garde de mes deux filles. Je crois que c'était la première fois qu'il formulait clairement des menaces. Jusque-là, ses insinuations ne m'effrayaient pas, il me faisait l'effet d'un petit rigolo qui se la racontait, comme les gamins dans les cours de récré. Mais cette fois-ci, c'était différent. Le doute a commencé à s'insinuer.

Avec Rudy, il n'y a pas eu de lune de miel, pas de période romantique. Il ne s'est jamais officiellement installé chez moi, avec mon accord, même s'il laissait en permanence ses vieilles fringues dans ses sacs Aldi. Il débarquait à l'improviste, notamment le soir après ses séances de tatouage. Le plus souvent, il venait seul, mais il lui arrivait parfois de débarquer avec ses enfants. Il avait envie qu'on fonde une sorte de famille recomposée, ce que je refusais de tout mon être. Contrairement à mes filles, bien habillées et toutes mignonnes, ses gamins étaient mal élevés, vulgaires, sales, la tête pleine de poux. Je n'avais vraiment aucune envie de vivre avec eux et de devenir leur deuxième maman. Ce qui froissait Rudy, qui le prenait – à raison – comme une forme de rejet.

Ces irruptions dans ma petite vie de mère célibataire pouvaient s'avérer pénibles, mais aussi très agréables. Rudy et moi passions de bons moments ensemble. Il me faisait rire, on regardait des films à la télé, il me faisait danser. Des années plus tard, pour essayer de comprendre ce que j'avais vécu, j'ai longuement échangé avec mon ex-belle-sœur, Joyce. Elle m'a certifié qu'au début de cette histoire, j'avais retrouvé le sourire, qu'on me sentait épanouie, plus féminine. Et c'était vrai. Entre Rudy et moi, il y avait clairement quelque chose de sensuel. À ses côtés, je me sentais belle, j'avais d'ailleurs commencé à perdre tous ces kilos amassés pendant ma seconde grossesse.

Y avait-il également de la sexualité? Je ne me rappelle pas bien, ma mémoire a voulu faire le tri. De ce côté-là, j'ai quand même un souvenir. Celui d'une relation consentie, sur un matelas gonflable posé devant le poste de télévision allumé du séjour. Rudy savait s'y prendre avec les femmes, il avait de l'expérience, nettement plus que moi en tout cas. À l'époque, je ne le savais pas, mais il avait une vie sexuelle débordante. Tessa et lui participaient à des soirées échangistes, ils faisaient des vidéos intimes. Il la trompait régulièrement, aussi, sans se cacher. Il découchait pour aller passer la nuit chez telle ou telle partenaire, puis regagnait son foyer quand cela lui chantait.

Rudy faisait le forcing pour s'installer chez moi. Ou, plus précisément, pour que mon domicile devienne un autre chez-lui, au même titre que la maison qu'il habitait avec Tessa. J'essayais gentiment mais fermement de le repousser, de lui faire comprendre que notre histoire n'avait pas d'avenir, que son épouse et ses quatre enfants avaient besoin de lui. À ce moment-là, je le laissais entrer chez moi à sa guise, mais sans jamais lui permettre de prendre possession des lieux. De son côté, Rudy maintenait le flou sur sa situation personnelle. À l'écouter, on ne savait pas bien s'il avait quitté ou non Tessa, enceinte de leur cinquième enfant. Et celle-ci lui faisait du chantage, le menaçant d'avorter s'il ne regagnait pas pour de bon le domicile familial.

7.
Adieu le boulot

Après quelques jours d'arrêt, j'avais repris mon poste au centre hospitalier de Denain, dans le vieux bâtiment du service gériatrique datant des années 1970. Le V120, comme on l'appelle ici, qui a été depuis complètement réhabilité. J'aimais mon métier, avec des tâches très variées. Je faisais les soins dits de nursing – la toilette, l'habillage, l'aide aux repas – et prenais aussi en charge les personnes atteintes de troubles cognitifs ou de terreurs nocturnes. Il fallait aussi distribuer les médicaments et gérer les décès. Je m'étais prise d'affection pour certains petits vieux, que je chouchoutais et qui me le rendaient bien. Je me rappelle notamment ces deux vieux messieurs adorables, dans une chambre double au fond du couloir, dont l'un rêvait de voyager en Afrique. Outre Isabelle, la fameuse collègue qui m'avait fait rencontrer Rudy, je m'entendais très bien avec un infirmier, Clément. Un gars grand et très maigre, souriant, assez secret, avec des lunettes et des oreilles un peu décollées. Il habitait à quelques mètres de l'école de ma fille Lana, je passais parfois dire bonjour.

Dans ma vie d'avant, pénétrer dans le V120, c'était changer d'univers. Ici, j'étais loin de mes deux filles, de mon mari, des tâches ménagères, de la gestion du foyer. Mais l'arrivée de Rudy dans mon existence a tout bouleversé dans mon métier d'aide-soignante. Au commencement de notre relation, lorsque je décorais avec Jérôme la future chambre de ses fils, il s'agissait de simples marques d'attention. Il m'amenait ou me ramenait du boulot en scooter pour m'éviter de faire le trajet seule à pied. Il m'envoyait aussi des SMS pour prendre des nouvelles ou m'en donner. Plusieurs fois, il m'a même fait dédicacer des morceaux sur une chaîne télé de clips musicaux qu'on recevait à l'hôpital. Tout cela était plutôt gentil.

Mais très vite, lorsque Jérôme a quitté le domicile, son comportement a changé. Rudy s'est mis à venir à l'hôpital – la plupart du temps sans que je n'en sache rien – pour me surveiller, m'espionner, me prendre en photo. Depuis la rue, dans le noir, il épiait mes faits et gestes dans le bureau éclairé des soignants, au deuxième étage du bâtiment. Une fois, il m'y a vue en compagnie d'un médecin de garde et d'un infirmier : cette nuit-là, nous avions eu un décès dans le service et il fallait suivre tout un protocole. Ces présences masculines l'ont mis en rage, il s'est imaginé que je couchais avec mes collègues pendant mes heures de service. Le lendemain matin, il m'a insultée, refusant d'écouter la moindre explication. Une autre fois, il a carrément débarqué dans le service, en déjouant la vigilance des agents de sécurité. La porte d'entrée du bas était verrouillée, mais il avait réussi à pénétrer dans le bâtiment en passant par la morgue. Devant l'ascenseur du premier étage, accessible sans digicode, il est tombé nez à nez avec Clément, mon collègue infirmier. Il l'a alors menacé physiquement et lui a fait très peur. Les raisons de cette empoignade ? Il nous soupçonnait d'avoir des relations intimes.

Rudy n'en est pas resté là. Quelques jours après cette altercation, il m'a demandé de l'accompagner au domicile de Clément, dont il avait déniché l'adresse. Il voulait une nouvelle fois avoir des éclaircissements sur notre relation. Mon collègue a eu beau lui expliquer que nous étions simplement amis depuis des années, impossible de lui faire entendre raison. Sous la contrainte, j'ai dû dire à Clément que je ne lui parlerais plus, y compris au travail, parce que je préférais rester avec Rudy. C'était insensé, je l'appréciais beaucoup et connaissais très bien ses parents, son épouse et leurs enfants. Hélas, je n'avais pas le choix.

Triste de cette décision, et inquiet pour moi, Clément s'est invité dans ma maison de Lourches quelques jours plus tard. Rudy n'était pas là, il tatouait une famille du côté de Denain. Je l'ai fait entrer, lui ai assuré que j'étais heureuse et qu'il ne fallait pas qu'il revienne. Je n'ai rien dit de cette visite à Rudy lorsqu'il est arrivé en fin de journée. Mais apparemment, il me faisait surveiller par l'un des habitants du coin, car il était parfaitement au courant de cette entrevue. Il a explosé de rage, a pris son téléphone pour appeler Clément. Il l'a insulté, a menacé de lui « casser la gueule » et de s'en prendre à sa femme et ses enfants si nous gardions le moindre contact. À partir de ce jour, Clément ne m'a plus adressé la parole pendant plusieurs années.

À l'hôpital, ma situation est vite devenue très compliquée. Désormais mère célibataire, je ne savais pas comment faire garder mes deux filles quand je travaillais de nuit. Au début, mon frère et sa copine acceptaient de les accueillir chez eux, mais rapidement, j'ai perdu leur soutien. Cédric ne me parlait presque plus, il ne comprenait pas pourquoi je ne mettais pas un terme à ma relation avec Rudy alors que tout montrait qu'il me faisait du mal. Selon lui, mon comportement avait changé, il ne reconnaissait plus sa petite sœur. À ces problèmes de garde s'ajoutaient les comportements de Rudy, qui perturbaient le fonctionnement du service. Outre ses intrusions répétées dans l'établissement – c'est arrivé au moins quatre fois –, il a aussi appelé ma cheffe de service pour la prévenir que j'avais des comportements déplacés avec mes collègues masculins. Il voulait qu'elle cesse de me faire travailler.

Ma hiérarchie a commencé à se lasser de ces dysfonctionnements, dont elle me jugeait indirectement responsable. D'autant plus que Clément s'était plaint auprès de la direction des menaces qu'il avait subies. Épuisée, stressée, j'ai fait un malaise au travail. J'ai obtenu un arrêt maladie, que j'ai pu prolonger. Hélas, mon CDD est arrivé à son terme et le centre hospitalier n'a pas souhaité le renouveler.

8.
Les premiers coups

Dans la soirée du 24 mai, jour de son 29e anniversaire, Rudy a débarqué chez moi avec l'un de ses copains, gentil mais pas futé. Je venais de coucher les filles, j'étais en train de regarder la télé, avachie dans le canapé. Son téléphone a sonné, c'était Tessa. Il l'a écoutée, a raccroché très en colère puis il a explosé : « Voilà, tu as gagné, à cause de toi, Tessa a avorté. C'était une petite fille, tu l'as tuée ! » Pendant quelques secondes, j'ai encaissé la nouvelle, puis je me suis mise à rire, sur un ton un peu moqueur. Parce que son histoire ne tenait pas debout : on ne pouvait pas déterminer le sexe d'un fœtus dans les premières semaines de grossesse, Tessa lui avait forcément raconté des salades ! Rudy n'en a pas démordu. Il m'a annoncé que maintenant que sa femme avait avorté, il allait emménager chez moi. J'ai refusé, arguant que je n'y étais pour rien et qu'il n'était pas question qu'on vive ensemble.

Hors de lui, Rudy m'a envoyé un coup de poing dans l'estomac pour me faire taire. Puis il m'a soulevée de terre, m'a balancé des gifles et m'a violemment claqué la tête contre un grand cadre accroché au mur du séjour. Un bouddha gris en relief, avec des petites touches dorées, que m'avait offert Jérôme. C'était la première fois de ma vie que je prenais une raclée. Je me suis mise à crier. Rudy, bravache, m'a dit : « Vas-y, gueule, tu vas réveiller tes filles ! » Cette perspective m'a glacé le sang, je me suis tue dans la seconde. Il m'a lâchée, j'ai glissé le long du mur. Aujourd'hui encore, je me souviens de la sensation du crépi me griffant le dos. Un peu en retrait, son copain regardait, passif, n'esquissant pas le moindre geste pour interrompre les coups. « Arrête, gros, c'est bon, viens boire un verre », a-t-il fini par dire.

Adossée au mur, le corps incroyablement lourd, je suis restée longtemps immobile, avec l'espoir que les deux acolytes lèvent le camp. Puis je me suis affalée dans le canapé et les ai regardés se saouler toute la nuit sans rien dire. Rudy était complètement éméché, il m'insultait en boucle, me traitant de « sale pute », me reprochant d'avoir « tué son bébé ». « De toute façon, tu es à moi », s'est-il aussi vanté, avant de tenter de m'embrasser sans succès. À plusieurs reprises cette nuit-là, je suis montée à l'étage m'assurer que mes filles dormaient bien, en prenant soin de refermer délicatement les portes, en haut et en bas de l'escalier en béton. Curieusement, c'était là ma principale inquiétude : que Lana et Ambre se réveillent. Finalement, au petit matin, Rudy et son copain ont vidé les lieux.

Je n'ai pas souvenir des journées qui ont suivi. J'ai dû retourner à ma vie ordinaire de femme ordinaire. En tout cas, je n'ai appelé personne pour demander de l'aide. Ni la police, ni ma mère, ni même mon frère qui habitait pourtant à quelques mètres de chez moi. Ce qui est certain, en revanche, c'est que cet épisode de violence n'a été que le premier d'une longue série, au cours du mois de juin. Mais je suis incapable d'en faire la chronologie et d'en donner les détails. Rudy pouvait me taper dessus pour n'importe quoi, un mot de travers, une pose ou un regard dans la rue jugés aguicheurs, une contrariété dans sa vie personnelle. Au début, j'essayais de le raisonner, d'argumenter, de le détromper. Mais j'ai vite compris que cela n'avait aucune utilité, que ses reproches ne servaient que de prétextes pour passer à l'acte.

La plupart du temps, je sentais arriver les coups. À son regard, à la tension dans ses mâchoires, à sa façon de parler, je pouvais prédire que Rudy bouillait, que la soirée allait mal se finir pour moi. Dans ces moments-là, je ne pensais qu'à une chose : protéger mes enfants. Imaginer qu'elles puissent assister à ces scènes de violence me terrorisait davantage que les poings de Rudy. Cela peut paraître bizarre, mais je crois que toutes les mamans comprendront cela. Je donnais donc le bain, faisais manger mes filles puis allais les coucher. Une histoire, un câlin, des bisous… Il était alors temps de redescendre au salon prendre une raclée. Avec du recul, ce que je raconte peut paraître incroyable. Mais c'est bien ce que j'ai vécu. En cette période, j'étais très seule, incapable de trouver une issue de secours pour échapper à tout ça. Seules mes filles comptaient.

9.
La prise de contrôle

À partir de cette nuit de violence, Rudy a radicalement changé. Fini le pauvre père de famille en détresse, place à l'homme violent, humiliant, menaçant, tout-puissant. Sa métamorphose a d'abord eu des conséquences sur mon look et ma garde-robe. À cette époque, j'avais un côté pin-up. J'aimais me maquiller, mettre du rouge à lèvres vermillon, de l'eye-liner noir, du vernis à ongles rouge, porter des décolletés. Je m'étais aussi fait teindre les cheveux en rouge, ça m'allait très bien. Aux yeux de Rudy, pourtant, mon apparence ne convenait pas. Ou plus. Lui qui autrefois me trouvait sexy me jugeait désormais vulgaire, aguicheuse, très « pute ». À l'entendre, j'avais un souci avec les hommes : je les allumais d'un simple regard et portais exprès des décolletés pour leur montrer ma poitrine en me baissant.

Tout cela était ridicule, je n'étais pas du genre dragueuse. Et quand bien même, j'avais bien le droit de m'habiller comme je l'entendais ! Mais rien n'y a fait. Sous la menace et les coups, j'ai dû me plier à ses désirs. Quand Rudy n'approuvait pas mes tenues, il m'obligeait – au mieux – à en changer mais préférait le plus souvent me les arracher du dos, quitte à me laisser à moitié nue. Parfois aussi, il découpait avec des ciseaux les vêtements et sous-vêtements qui ne lui plaisaient pas dans mon dressing. Pour imposer ses goûts, il m'achetait enfin des vêtements à bas prix dans un petit magasin de Denain. Parmi ses trouvailles, un haut hideux – il avait acheté le même à son épouse Tessa ! – en dentelle, noir dans le dos et motif léopard sur le devant. Par ailleurs, j'ai dû cesser de me maquiller, sauf pour masquer les bleus avec du fond de teint. Et il a fallu que je teigne mes cheveux en noir, la seule couleur qu'il jugeait convenable.

Cette nouvelle version de Rudy cachait plein d'autres mauvaises surprises. Début juin, un jour de semaine, je suis allée à l'Intermarché de Lourches faire mes courses. Arrivée à la caisse, me voilà bien embarrassée : impossible de payer, ma carte bleue ne fonctionnait pas. La caissière a appelé le responsable du supermarché qui, gentiment, a proposé de mettre mon caddie dans la chambre froide le temps que j'aille chercher du liquide. Au guichet de mon agence bancaire, à Denain, l'employé a pianoté sur son clavier puis m'a indiqué que mon compte était à sec. « Vous avez fait plein de retraits d'espèces avec votre carte, Madame », a-t-il précisé. Je suis repartie interloquée, sans comprendre ce qui avait bien pu se passer.

Rudy ne me l'a pas avoué tout de suite – il a même accusé Jérôme – mais c'était bien lui qui avait vidé mon compte. Il avait trouvé mon code de carte bleue en fouillant dans mes tiroirs et avait retiré quelque 1200 euros en espèces pour acquérir un monospace 7 places d'occasion. Une vieille Kia bordeaux foncé, avec des sièges arrière couleur crème qui pivotaient. Des mois plus tard, j'ai appris toute l'histoire. Il avait acheté la voiture à une dame du coin dont le mari était malade. Il l'avait payée en liquide, en plusieurs fois, mais n'avait jamais procédé au dernier versement. Et, bien sûr, il avait enregistré le véhicule à mon nom en préfecture, ce que j'ai découvert après coup en recevant de premières amendes pour des excès de vitesse commis sur une voiture à l'immatriculation inconnue.

Mes malheurs ne s'arrêtaient pas là. Durant cette même période, j'ai ainsi voulu me connecter sur le site internet de Pôle emploi. Au chômage depuis la fin de mon CDD au centre hospitalier, je devais actualiser ma situation pour toucher mes allocations mensuelles. Impossible d'y parvenir, mon code ne fonctionnait pas. Le problème s'avérait identique sur tous les autres sites sur lesquels j'avais l'habitude de faire des démarches : la CAF, l'assurance maladie, les impôts, ma banque… Mes soupçons se sont immédiatement portés sur Rudy, le seul susceptible d'avoir tripatouillé mon ordinateur. J'étais folle de rage, mais il ne s'est pas du tout démonté. Il m'a tranquillement expliqué qu'il avait fait cela pour me rendre service et que, dorénavant, il fallait que je passe par lui pour procéder à toutes mes démarches administratives.

Lors d'une de nos innombrables disputes, j'ai menacé Rudy d'appeler la police. Il ne m'en croyait pas du tout capable, mais n'a pas pour autant apprécié que j'évoque cette possibilité. Il m'a arraché le téléphone des mains et l'a fracassé sur le sol. Pendant plusieurs jours, je me suis retrouvée dans l'incapacité d'appeler quiconque de mon propre chef. Il fallait que j'emprunte l'appareil de Rudy, qui pouvait ainsi contrôler mes appels et surveiller mes conversations. Dans sa grande bonté, Rudy s'est résolu, au bout de plusieurs jours, à me fournir un nouveau smartphone. C'était un modèle chinois d'occasion. Une bonne nouvelle ? Pas vraiment, car il l'avait équipé d'une puce prépayée qu'il rechargeait selon son bon vouloir. En dehors de mes proches, personne ne connaissait mes nouvelles coordonnées. J'avais perdu l'essentiel de mes contacts, dont les numéros étaient enregistrés dans l'ancien appareil.

Rudy a aussi pris le pouvoir sur mon domicile. Comme la décoration n'était pas à son goût, il s'est mis à casser ce qui ne lui plaisait pas, à arracher les photos de leurs cadres, à jeter les bibelots. Fini le bouddha dans le salon et mes décorations zen ! Il a aussi pris possession de la salle de jeux que nous avions aménagée, mon mari et moi, pour Lana et Ambre, mais aussi pour Océane, la fille aînée de Jérôme qui venait le week-end. Une pièce située au rez-de-chaussée de notre logement, avec une porte en lambris qui donnait directement sur notre petit jardin. Du mobilier IKEA, des bibliothèques remplies de livres, plein de jouets… C'était une vraie crèche, avec des personnages de Disney que j'avais dessinés sur les murs le soir avant d'aller travailler ou pendant mes jours de repos. Rudy s'en fichait, il a tout viré et repeint la pièce en blanc pour en faire un second studio de tatouage. Il y accueillait certains de ses clients, faisant alors de moi son assistante. Je devais l'aider à stériliser son matériel mais aussi concevoir des modèles de dessins.

Pendant que je travaillais la nuit – mais parfois aussi en ma présence –, Rudy s'est mis également à fouiller dans mes affaires pour supprimer tout ce qui avait trait à mon passé. Mes souvenirs et les photos de mon mariage, de la naissance des filles, du collège… Tout y est passé. Y compris les carnets renfermant les petits mots de mes camarades, dont un « big bisou baveux » qui l'avait mis en rage. Il y voyait une preuve que, à l'adolescence déjà, j'étais une allumeuse, une fille facile ! J'ai bien tenté de m'opposer à ce désastre. « Quoi que tu fasses, ces souvenirs sont gravés dans ma tête, dans mon cœur ! » lui ai-je hurlé au visage. En réponse, j'ai pris une énorme raclée. Et Rudy a promis de me détruire et de me remettre à ma juste place, celle d'une « chienne couchée au pied de son maître ».

Un autre jour, il a voulu balancer mon alliance à la poubelle. Je l'avais cachée derrière un cadre et il l'avait trouvée. Je l'ai immédiatement avalée pour qu'il ne parvienne pas à ses fins ! Je ne donnerai pas de détails sur la façon dont je l'ai récupérée, mais je l'ai ensuite cachée dans le sac à langer d'Ambre, dans un pli de chaussette, un dimanche où son père venait la chercher. Je suis assez fière de cette ruse qui m'a permis de sauver le précieux bijou, que je porte à l'annulaire gauche au moment même où je raconte mon histoire. À l'époque, j'ai aussi eu la bonne idée de confier aux pères de mes deux filles quelques albums photo, sans leur en expliquer la raison. Aujourd'hui, ce sont les seuls clichés qui me restent d'une bonne partie de mes années de jeunesse.

10.
Les pères à distance

Deux hommes auraient sans doute pu m'aider à m'extraire de ce cauchemar : Nicolas et Jérôme, les pères de mes deux filles. Rudy avait beau s'échiner à m'isoler de mon entourage, il ne pouvait leur interdire de voir Lana et Ambre. Bon gré mal gré, tous deux faisaient partie de mon existence, ce qui pouvait en faire des alliés potentiels.

Mais de ce côté-là non plus, les soutiens ne sont pas venus. Et pour cause ! Rudy se débrouillait toujours pour être présent lorsque l'un ou l'autre passait à la maison, afin de rendre impossible toute confidence. Le plus souvent, il m'interdisait même tout simplement de les voir. Je restais alors dans la maison, loin de l'entrée et des fenêtres, pendant que lui accueillait Nicolas ou Jérôme sur le pas de la porte, leur confiant mes filles pour la journée ou le week-end. Il prenait d'ailleurs l'initiative de leur téléphoner à mon insu, pour leur demander de garder Lana ou Ambre en dehors des jours prévus.

Avec Nicolas, les relations, déjà compliquées depuis notre séparation, se sont encore détériorées. Il était furieux – à raison – que notre fille rate la fin de son année de grande section de maternelle. Rudy m'avait en effet interdit de la déposer le matin à l'école, de peur que j'y croise mon ex-collègue Clément, dont le logement donnait sur la grille d'entrée de l'établissement. Pour la première fois, Lana avait aussi des poux plein la tête, attrapés au contact des enfants de Rudy. J'avais beau faire shampoing sur shampoing, impossible d'en venir à bout ! Un signe, pour Nicolas, que je négligeais notre fille. C'était évidemment faux, je tenais à Lana comme à la prunelle de mes yeux. Mais de fait, elle n'allait pas bien du tout. Elle ne supportait pas l'absence de Jérôme, ni celle d'Océane qu'elle considérait comme sa grande sœur. Fini les jeux complices un week-end sur deux ! Fini aussi la jolie bulle familiale que nous formions tous les cinq !

Lorsque nous étions toutes les deux, Lana s'effondrait souvent dans mes bras, en larmes. Cela me déchirait d'autant plus le cœur que je me sentais responsable de tous ses chagrins. Elle avait beau se contenir lorsque Rudy traînait dans les parages, ce dernier n'était ni aveugle ni sourd. Il sentait bien que, quoi qu'il fasse, il ne pourrait jamais remplacer Jérôme, son deuxième papa, dans son cœur. Cette tristesse le mettait en rage, il y voyait une forme de rejet de sa personne. Il manœuvrait donc auprès d'elle pour l'encourager à aller habiter chez son père, lui peignant la chouette vie qu'elle aurait à ses côtés. Nicolas avait entamé des démarches pour demander la garde, j'étais terrorisée par cette perspective. En définitive, on a trouvé un entre-deux : Lana a rejoint son père dès le mois de juin, avant la date prévue pour les vacances scolaires. J'étais triste et furieuse de ce départ anticipé, cause de nombreuses disputes avec Rudy. Mais également soulagée. Au moins, Lana ne risquait pas d'être témoin de toutes les violences que je subissais.

Avec Jérôme, les relations s'avéraient également très tendues. Il s'était rétabli sur le plan psychique et avait même une nouvelle copine, une certaine Laura avec qui il était parti quelques jours en vacances dans le Sud. Rudy prenait d'ailleurs un malin plaisir à me montrer leurs photos sur Facebook, histoire de me montrer que Jérôme m'avait remplacée. Il avait beau toujours habiter au domicile de sa mère, à Valenciennes, il pouvait à nouveau accueillir Ambre. Pour Rudy, qui le détestait particulièrement, pas question de donner la moindre chance à notre couple. À sa sortie de l'hôpital psychiatrique, il avait ainsi fait venir Jérôme à « notre » domicile pour lui montrer à quel point nous étions heureux. C'était aussi l'occasion de lui faire part de « nos » nouvelles règles : pas de visites, pas d'appels téléphoniques, plus d'échanges sur Facebook – il avait d'ailleurs piraté mon compte.

Très vite, Jérôme a demandé le divorce. Je ne sais pas s'il souhaitait vraiment tourner la page de notre relation amoureuse, mais il avait besoin d'acter notre rupture à la fois pour des raisons administratives et pour pouvoir protéger Ambre si besoin. Entre lui et moi, il y avait de nombreuses disputes, bien plus que lorsque nous vivions ensemble. Je me souviens même lui avoir une fois tapé dessus. Rudy avait en effet réussi à me faire croire que Jérôme avait emménagé avec sa nouvelle compagne et qu'il comptait réclamer la garde d'Ambre. C'était pour moi impensable, je ne pouvais concevoir la vie loin de mon grand bébé, qui venait de fêter son premier anniversaire. En mesure de rétorsion, j'avais fait savoir à Jérôme que je refusais qu'il ait le moindre contact avec elle jusqu'au jugement de divorce. Une décision qui, fort heureusement, n'a pas tenu plus de quelques jours.

11.
Un univers parallèle

En fouillant dans mes affaires, Rudy avait appris beaucoup de choses sur ma vie. Il s'était aussi renseigné auprès de mon frère, Cédric, qui, au début de notre relation, se montrait bien trop bavard. Au travers de ces discussions, il avait ainsi appris que ma mère n'appréciait pas du tout Jérôme. Juste après notre mariage, il y avait d'ailleurs eu une grosse dispute qui nous avait brouillés avec le reste de la famille. Pour Rudy, c'était du pain bénit, l'occasion de remplacer avantageusement mon mari auprès de mes proches. Il s'est donc empressé d'inviter ma mère et ma sœur, Maëva, à nous rendre visite. Ambre a ainsi fait la connaissance de sa mamy et de sa tante, elles ne l'avaient jamais vue depuis sa naissance. Les premiers contacts se sont avérés un peu froids, mais nous étions malgré tout heureuses d'être réunies toutes les trois. Pour moi, cela représentait une bouffée d'oxygène. Dans mon existence en plein délitement, je me sentais soudain moins seule, quand bien même ma mère et ma sœur ignoraient tout de mon calvaire. Rudy a profité de la situation pour sortir le grand jeu. Pendant ces retrouvailles, il n'a cessé de sourire, de me soutenir, de se montrer tendre et prévenant.

Ce numéro de charme a parfaitement fonctionné : ma mère est tombée dans le panneau. Mon nouveau « compagnon » lui a immédiatement plu, elle lui trouvait toutes les qualités qu'elle déniait à Jérôme. Un peu plus tard, nous avons à notre tour rendu visite à ma mère et à mon beau-père, Jean-Jacques. Je me souviens de ce moment joyeux dans leur jardin, où Rudy et moi nous amusions à nous courir après. Sans crier gare, il m'a fait un croche-pied et mis un énorme coup dans le mollet droit. Une façon de me rappeler que, même au milieu des miens, il restait le maître. Par fierté et pour ne pas attirer l'attention, j'ai masqué la douleur. Mais il m'a fallu deux jours pour remarcher correctement et plusieurs semaines pour faire disparaître l'hématome. Dans la conversation, ma mère s'est épanchée sur mes amours de jeunesse, mes premiers flirts, elle a raconté que j'avais toujours plu aux garçons. Rudy bouillait intérieurement, mais devant elle, il a fait mine de s'en amuser. Le soir, il s'est vengé de toutes ces amourettes. Il m'a insultée puis frappée pour me punir d'être une « pute ».

Bien installé dans mon environnement familial, Rudy m'a introduite dans le sien. J'ai ainsi rapidement rencontré sa mère, ainsi que ses demi-frères et sa demi-sœur, une jeune fille très douce appareillée pour un problème de surdité. Dans son clan, Rudy pouvait être exécrable, insultant l'un, criant sur l'autre, invectivant sa mère en lui parlant de son « petit bâtard ». Curieuse ambiance ! Malgré tout, sa mère était une femme souriante, sympathique : le courant passait très bien entre nous. Lors de nos conversations, elle se confiait, parlait de l'amour qu'elle n'avait cessé de porter à Serge, le père de Rudy. Son amant pour la vie, « mon bonheur et mon malheur », disait-elle. Un homme qui l'avait souvent frappée, parfois violée mais qu'elle évoquait avec tendresse, un sourire nostalgique aux lèvres. À l'entendre, Rudy s'inscrivait parfaitement dans cette lignée… Ses confidences me donnaient des frissons, j'étais prise d'étourdissements.

À cette même période, Rudy m'a aussi amenée chez la dernière épouse de son père. Âgée de 40 ans, elle s'appelait Shirley et habitait un petit pavillon en briques rouges dans une rue calme de Raismes, au nord de Valenciennes. Nous avons débarqué à l'improviste : en ouvrant la porte, cette toute petite femme très mince sembla un peu paniquée, comme si elle avait face à elle le fantôme de son ex-mari. Très surprise de notre visite, elle hésita à nous faire entrer. Rudy lui promit qu'il avait changé, qu'il vivait maintenant avec une femme très bien – c'est-à-dire moi – et qu'il voulait récupérer quelques souvenirs de son père. Shirley nous a finalement ouvert la porte et, contre toute attente, nous sommes restés de longues heures en sa compagnie. La mine déprimée, visiblement traumatisée, elle nous a déballé ce qu'elle avait vécu avec le fameux Serge. Ses accès de violence, son penchant pour l'alcool, ses multiples aventures extraconjugales, son licenciement de l'usine de fonderie… Sans omettre ce jour cauchemardesque où il s'était pendu en accrochant la corde aux barreaux de la salle de bains. Depuis, elle disait sentir « l'esprit de Serge » la hanter. Elle faisait peine à voir, mais je me sentais bien incapable de l'aider, moi qui ne savais déjà plus comment gérer ma propre vie. Le monde de Rudy n'était décidément pas le mien, j'avais le sentiment d'évoluer dans un univers parallèle.

12.
Nuit de cauchemar

Au début du mois de juillet, je me suis retrouvée sans enfants, Lana et Ambre étant chez leurs pères pour les vacances scolaires. Mes filles absentes, je me sentais plus forte pour résister à Rudy. J'avais moins peur que nos disputes dégénèrent, que le bruit de nos engueulades les réveille, qu'elles me voient me prendre des gifles, des coups de pied ou de poing. Entre nous deux, l'atmosphère était donc constamment électrique. Un soir, histoire de calmer l'ambiance, Rudy m'a proposé d'aller faire un tour. Il voulait aussi, pour une fois, que je m'habille sexy. L'idée m'a plu, je suis allée me préparer. Puis on est montés dans son monospace bordeaux tout déglingué, celui que j'avais payé de ma poche bien malgré moi.

Rudy a pris la direction de Denain et j'ai très vite compris qu'on se dirigeait vers sa nouvelle maison, celle que j'avais décorée au début de notre relation. Malgré mes protestations, il a poursuivi sa route et s'est garé dans l'impasse pleine de détritus qui longe son habitation. Il m'a fait descendre de force; pliée en deux, sa main appuyant fermement sur ma nuque, j'ai franchi le seuil de la maison en passant par l'arrière, via une petite cour intérieure qui leur servait de local à poubelles et d'espace pour étendre le linge. Aujourd'hui encore, je peux décrire précisément la réaction de ses enfants lorsque je suis entrée. Le plus petit, potelé comme un sumo, a continué à manger son kebab dans sa chaise haute. Les deux moyens m'ont fait un bisou et ont réclamé que je leur lise une histoire, ce que j'ai fait pour me donner une contenance. La plus grande, elle, s'est contentée de me scruter du coin de l'œil.

Dans la cuisine, Rudy a allumé une cigarette, puis une deuxième. Il s'est aussi servi un verre de whisky, le premier d'une longue série. Tessa était assise à côté de lui, déjà à moitié ivre. J'ai dit à Rudy que je voulais rentrer chez moi, que je n'avais rien à faire ici, dans son foyer. Il m'a ri au nez, m'invitant au contraire à m'installer et boire un verre pour me détendre. J'étais complètement coincée, dépendante de son bon vouloir: il avait pris les clés de mon domicile, mes papiers et mon téléphone portable. Très mal à l'aise, je suis restée là sans rien faire, avec un des petits à moitié endormi dans les bras. « Va coucher les enfants, sinon ils vont être chiants toute la soirée », m'a finalement ordonné Tessa. Telle une baby-sitter, je suis montée à l'étage pour m'occuper de leur progéniture et border les garçons dans la fameuse chambre Spider-Man où leur père m'avait fait la cour trois mois auparavant.

« Bon, on y va », ai-je dit à Rudy une fois redescendue dans la cuisine. C'était peine perdue, il n'avait aucune envie de me ramener, et pas davantage de me rendre mes clés et mon portefeuille pour que je rentre à pied. Il a roulé des joints, s'est resservi un verre et a exigé que je trinque avec Tessa et lui. J'ai refusé, je sentais bien que la soirée ne s'annonçait pas conviviale. J'ai pris une gifle et il a réitéré sa demande, encore et encore, jusqu'à ce que je m'exécute. J'ai avalé plusieurs verres puis il m'a forcée à boire directement à la bouteille avec une paille. Il a filmé la scène, hilare, en m'annonçant qu'il n'hésiterait pas à envoyer les photos aux pères de mes filles en cas de besoin. « Ça pourra leur servir pour obtenir la garde », a-t-il pris soin d'ajouter. Comme je ne consommais jamais d'alcool, ces verres m'ont vite rendue malade. J'ai vomi un peu sur la table, puis je me suis précipitée dans les toilettes pour régurgiter tout le reste de mauvais whisky que j'avais avalé. Rudy s'est levé, il est venu derrière moi, j'ai cru qu'il voulait m'aider. Mais il s'est mis bien au contraire à m'insulter, à me balancer des coups de pied. Puis il a plongé plusieurs fois ma tête dans la cuvette. C'était horrible, j'ai cru que j'allais me noyer. Cette sensation, je ne l'oublierai jamais. Dix ans plus tard, je ne peux toujours pas mettre la tête sous l'eau à la piscine, cela me terrifie.

Cette soirée de cauchemar ne faisait que débuter. Groggy, je suis retournée dans la cuisine. Rudy a fait mine de s'excuser, a tenté plusieurs fois de me prendre dans ses bras puis s'est lancé dans de grandes déclarations. Il voulait qu'on forme un ménage à trois et vantait nos qualités respectives, à Tessa et à moi, comme l'aurait fait un maquignon avec son bétail. Elle, c'était la reine du sexe. Il trouvait qu'elle s'y prenait mieux, qu'elle n'était pas coincée. Et moi, j'étais la parfaite femme d'intérieur, celle qui savait cuisiner, éduquer les enfants, tenir le foyer. Complètement saoule, sa femme l'écoutait, passant du rire aux larmes. Et moi, je faisais de mon mieux pour ne pas sombrer. Cela ressemblait à un très mauvais film, aux dialogues affligeants.

Rudy a fini par nous traîner toutes les deux dans leur séjour, juste à droite de l'entrée. Une pièce en partie ovale, avec un horrible crépi sur le dessus de la cheminée et des rideaux très épais pour masquer la vue depuis la rue. Rudy a voulu nous resservir à boire, mes refus m'ont valu plusieurs gifles. Puis il a mis de la musique et nous a demandé de faire un strip-tease en dansant, sur l'air de *Déshabillez-moi* de Mylène Farmer. J'étais très mal à l'aise, mais j'ai bien vu au regard enflammé de Rudy qu'il valait mieux s'exécuter. Il voulait aussi qu'on s'embrasse toutes les deux, ce qu'on a fait malgré nous. Ensuite, tout a dégénéré sur le plan sexuel. Moitié morte, moitié vivante, j'ai dû subir des choses sur lesquelles je ne m'attarderai pas dans ces lignes. Mais il s'agissait clairement d'un viol, que j'ai décrit plus tard sur procès-verbal. Au petit matin, Rudy et Tessa m'ont abandonnée sur le canapé en tissu peau de pêche pour finir leur nuit dans le lit conjugal au premier étage.

13.
Prise au piège

Le lendemain matin, ce sont les enfants qui m'ont tirée du sommeil. Franchement, il aurait mieux valu que je prolonge mon séjour au royaume des songes. La porte d'entrée était fermée à double tour, impossible de m'échapper du logement. De toute façon, il fallait que je récupère d'abord mes papiers, ma carte bleue, mon téléphone et mes clés. Sauf que Rudy ne l'entendait pas du tout de cette oreille : il comptait bien mettre en œuvre sa grande ambition de ménage à trois. Pas question pour lui de me laisser partir, je devais désormais habiter avec lui, Tessa et toute leur smala. C'est-à-dire leurs quatre bambins – Melyssa, Anthony, Grayson et Tyler dans l'ordre d'arrivée. Sans oublier leur perroquet, un magnifique Gris du Gabon nommé Coco dont la cage se trouvait dans le salon.

J'étais bien sûr totalement opposée à cette perspective, mais Rudy s'en fichait pas mal. Afin de prévenir toute tentative de fuite, il avait d'ailleurs pris soin, dès le premier matin, de retirer toutes les poignées des fenêtres, au rez-de-chaussée comme à l'étage. Coincée dans la maison, il fallait bien que je m'occupe. En bonne ménagère, je me suis mis en tête de nettoyer de fond en comble leur habitation. Cela peut paraître bizarre de s'adonner à une telle activité dans ces circonstances, mais je ne supportais pas toute cette crasse, ces trucs qui trainaient partout. J'avais besoin de me sentir malgré tout un peu chez moi, dans un environnement sain. Pendant des jours, j'ai ainsi astiqué les sols, les murs, les meubles, les objets. Par exemple, la chaise haute de leur énorme bébé, dont le plastique a fini par blanchir à force de frotter. Ou les murs de leurs WC, constellés de… crottes de nez collés par leurs gamins ! J'ai enfin décoré la chambre de Melyssa, celle-là même que j'avais renoncé à peindre ce fameux 1er mai.

Je m'occupais aussi des enfants, que j'avais pris malgré tout en affection. Surtout Grayson, qui venait me faire un bisou le matin dans le canapé du séjour où je dormais. Il aimait que je lui raconte des histoires, on dessinait aussi ensemble. Rudy avait bien compris que mon côté maman pouvait lui être utile. Les rares fois où il sortait avec Tessa de la maison, il me laissait systématiquement la garde des petits. C'était pour lui l'assurance que je ne me sauverais pas : j'avais beaucoup trop peur de les laisser sans surveillance. D'ailleurs, la seule fois où cette idée m'a traversé l'esprit, c'est le jour où Anthony a eu la bonne idée de jouer avec un briquet et de mettre le feu à un tas de linge derrière le canapé du séjour. J'ai réussi à éteindre les flammes très vite, mais cela m'a passé l'envie de m'enfuir en les abandonnant. Cet épisode a mis Rudy en rogne, alors même que c'était lui qui avait donné le briquet à son fils. Pour me punir, il m'a brûlé le pied avec la braise d'une cigarette.

Les enfants étaient à la fois mignons et infernaux. Ils pouvaient faire absolument n'importe quoi dans la maison, personne ne leur avait jamais fixé la moindre règle. Au lieu de les éduquer, Rudy les encourageait à se battre entre eux, sans aucune limite. Il les incitait aussi parfois à me taper dessus. Il voulait que ses fils « aient la mort », selon son expression, qu'ils s'inscrivent à leur tour dans la lignée familiale, imprégnée de violence. Il n'hésitait pas non plus à donner de sa personne pour les endurcir. Il pouvait leur mettre des roustes monumentales, sans réfréner ses coups. C'est son aîné Anthony, à peine âgé de sept ans, qui en prenait le plus, c'était son souffre-douleur. Un jour, il l'a balancé de toutes ses forces, sa petite tête blonde est passée au travers de la porte vitrée qui séparait la cuisine de la petite cour intérieure. Ces accès de violence me rendaient malade. Avec Tessa, on essayait de protéger les enfants en faisant barrière de nos corps et en le suppliant de se calmer. Dans ces moments-là, sa colère se retournait souvent contre moi.

Des coups, j'en prenais de toute façon à peu près tous les jours, à n'importe quelle heure et pour n'importe quelle raison. Parce que j'avais pris une douche avec Tessa, parce que le perroquet m'avait appelée « maman », parce que Grayson m'avait dit « je t'aime », parce que je m'étais assise les jambes très légèrement écartées et que ça faisait « pute », parce que mon débardeur ne lui plaisait pas. Une fois, il m'a aussi jeté au visage le test de grossesse de Tessa, qui s'était – hélas! – avéré négatif, j'en ai gardé une marque sous l'œil pendant plusieurs jours. Des traces de ses coups, j'en avais sur tout le corps, je ne cherchais même plus à les cacher puisque je ne pouvais pas sortir du domicile. J'avais aussi perdu énormément de poids, mes rondeurs de grossesse avaient totalement disparu. Des transformations que les pères de mes filles n'ont pas pu remarquer: Rudy ne les a pas laissés entrer, les deux ou trois fois où ils ont déposé Lana ou Ambre pour un jour ou deux.

Pendant ces très longues journées d'été enfermée, j'ai bien cherché à me faire la malle. Je n'étais pas totalement résignée à demeurer *ad vitam aeternam* dans cette habitation de malheur ! Aussi discrètement que possible, je passais mon temps à fouiller la maison, à la recherche des clés de mon logement. Je suis une fois parvenue à mes fins, les dénichant au milieu d'une pile de linge. Je les ai cachées dans un body du bébé, avec l'espoir de m'enfuir pendant la nuit. Sauf que j'avais eu la mauvaise idée de confier mon projet à Tessa. Rudy l'a appris de la bouche de sa femme et j'ai pris ce jour-là une sacrée raclée. Par trois fois, j'ai aussi tenté de me faire la belle en escaladant le mur de la cour intérieure. Les deux premiers essais se sont avérés infructueux, je me suis vautrée depuis le haut des poubelles. La troisième tentative, en pleine nuit, a un peu mieux fonctionné. Mais Rudy, sans doute alerté par un voisin, m'a rattrapée à l'extérieur. Il m'a alors arraché mes vêtements et m'a traînée toute nue dans la rue pour me ramener à mon point de départ.

Les voisins, parlons-en ! Pour échapper à mon bourreau, j'aurais pu tenter d'autres stratagèmes. Par exemple, me placer devant une fenêtre avec une grande feuille de papier portant les mots « je suis séquestrée, appelez la police ! » Mais dans ce quartier, cela ne pouvait pas marcher. Les habitants du coin avaient tous peur de Rudy, qui faisait régner un climat de terreur. Il s'embrouillait avec tout le monde et en venait aux mains pour un oui ou pour un non. Pas seulement avec les adultes. Il pouvait aussi s'en prendre aux enfants ou aux animaux. Il a ainsi shooté dans le chat de la voisine qui avait eu le malheur de se glisser dans la petite cour derrière la cuisine. Il s'est aussi acharné, dans la rue, sur un jeune homme handicapé mental, qui avait osé dire « les filles, c'est nul » à sa fille chérie, Melyssa. Ici, tout le monde savait que Rudy frappait son épouse – elle était pleine de bleus – et que deux femmes vivaient sous son toit pendant l'été 2014. Mais personne ne voulait s'en mêler, par crainte des représailles.

14.
Le pseudo-suicide

Au bout de quatre semaines environ de ce ménage à trois, Tessa a craqué. Elle a dit à Rudy qu'elle ne supportait plus ce petit jeu, que cette histoire avait assez duré. J'en ai profité à mon tour pour lui faire entendre les mêmes arguments. Il nous écoutait, on était tous les trois autour de la table de la cuisine. Il s'est mis à exprimer des remords, à admettre qu'il était allé trop loin mais que ce n'était pas sa faute, que c'était à cause de son enfance malheureuse, de son passé. Je ne me rappelle plus précisément ce que je lui ai rétorqué, mais il y avait de l'ironie dans mes paroles. Cela lui a fortement déplu, mais au lieu de me mettre une grosse baffe derrière la tête pour que je me prenne la table en verre noir trempé, il est monté à l'étage sans un mot. Un peu étonnées, Tessa et moi sommes restées dans la cuisine à discuter en buvant du mauvais café sucré, les enfants autour de nous.

Au bout d'une heure, on a fini par se demander ce que Rudy fabriquait là-haut. Son fils aîné de 11 ans, Luca, était parmi nous ce jour-là. On l'a envoyé en éclaireur mais il est redescendu bredouille. Pas de trace de son père ! Interloqués, on est tous montés à sa recherche, Grayson ouvrant fièrement la marche. On a alors remarqué que la trappe du grenier était entrouverte, ce qui n'avait rien d'habituel. Les gamins ont pris l'escalier en bois et découvert leur père debout sur un petit tabouret, une corde autour du cou fixée à une poutre de la charpente. Ils se sont mis à hurler, Tessa et moi avons grimpé les marches quatre à quatre pour les rejoindre. « Vas-y, saute », ai-je murmuré en arrivant sur le seuil. Anthony m'a entendue, il m'a mis un coup de poing dans le ventre. Rudy s'est mis à chouiner, à regretter tout le mal qu'il faisait, à s'excuser d'être violent. Tous l'ont supplié de ne pas sauter – sauf moi. Au bout de quelques minutes, il a enlevé le nœud de son cou puis est redescendu du tabouret. Moi, je n'étais pas dupe de son petit numéro. S'il avait vraiment voulu se pendre, il n'aurait pas attendu notre arrivée. Et vu la facilité avec laquelle il avait dégagé la corde, il n'y avait aucun risque qu'il se suicide.

On s'est retrouvés à nouveau dans la cuisine autour d'un café. Tessa avait l'air affolée, elle ne saisissait pas qu'il s'agissait d'une simple mise en scène.

En bon comédien, Rudy se disait fatigué, triste, plein de remords. Ce soir-là, il m'a demandé de venir dormir là-haut avec son épouse pour le réconforter. « Promis, il ne se passera rien », a-t-il précisé. J'ai d'abord refusé, sans qu'il ne se fâche. Mais il est revenu à la charge et, à son regard, j'ai bien compris que je n'avais guère le choix. On s'est donc retrouvés tous les trois dans les draps mauves de leur lit à baldaquin en fer forgé. C'était inhabituel pour moi qui dormais en bas, dans le canapé du salon. Ma « chambre » se trouvait d'ailleurs juste en dessous de la leur, j'entendais très distinctement leurs ébats au travers de la grille d'aération du plafond. Mais je m'en fichais éperdument. Au moins, pendant ces moments-là, on me laissait tranquille!

Nous étions à peine couchés que Rudy et Tessa ont commencé à s'embrasser, à se faire des caresses. Il a aussi cherché à m'attirer vers lui mais j'ai repoussé son bras. J'ai alors voulu quitter la pièce mais il s'est levé d'un bond pour se mettre en travers de ma route. Il m'a arraché mes vêtements puis m'a ordonné de regagner le lit, en me prévenant que si je réveillais les enfants, il me « crèverait ». Sur les draps, Tessa a bien cherché à reprendre les préliminaires avec son mari, mais cela ne l'intéressait plus du tout. Désormais, c'est avec moi qu'il voulait coucher, avec la ferme intention de me faire payer mon refus initial. Il était hors de lui. Dans une sorte de solidarité féminine, Tessa faisait tout son possible pour le détourner de moi, mais rien n'y faisait. Résignée, elle a fini par nous laisser tous les deux dans la chambre. Cette nuit-là, j'ai subi un nouveau viol.

Au petit matin, alors que Rudy dormait, j'ai retrouvé Tessa au rez-de-chaussée. Elle étendait du linge sur un fil de la cour intérieure. Secouée et inquiète, elle m'a confié ne jamais avoir vu son mari dans un tel état. Puis elle m'a avoué que ce plan de ménage à trois, elle en avait connaissance avant même que Rudy ne le mette à exécution. C'était le prix qu'elle avait dû payer pour garder son homme à la maison. À l'entendre, Rudy ne l'avait jamais vraiment quittée depuis qu'il s'était épris de moi. Elle savait même tout de notre relation. Pour preuve, elle m'a montré les messages et photos qu'ils n'avaient cessé de s'envoyer pendant toutes ces semaines où il m'appelait sa « princesse au cœur d'or ». Depuis le premier jour, cette histoire n'était que mensonges et manipulations. À vrai dire, je n'en étais pas tellement surprise. Et pas davantage chagrinée, vu la tournure prise par les événements.

15.
De retour à la maison

Miracle, Tessa m'a alors rendu mes clés, planquées sous une pile de vêtements. Elle a ensuite ouvert très doucement la porte d'entrée et je suis sortie. Enfin libre ! On était le 13 août, cela faisait un mois que je n'avais quasiment pas mis le nez dehors. J'ai alors pris la direction de mon domicile à toute allure, craignant à chaque pas que Rudy ne me rattrape au volant de sa maudite Kia. Mais non, le monstre dormait comme un loir. Était-ce la meilleure idée que de retourner chez moi ? Sans doute pas. D'autant moins que la nuit précédente, Rudy m'avait mise en garde. « Si quand je me lève tu n'es plus là, je viens chez toi et je te crève », avait-il averti, le regard noir, avant d'enfouir son visage dans l'oreiller. C'est pourtant bien ce que j'ai fait. Sans argent ni téléphone, coupée de tout contact avec mes proches, j'ai mis le cap sur ma maison de Lourches.

Une fois la porte fermée à double tour, la première chose que j'ai faite, ça a été de prendre une douche. Une interminable douche. Dans mon souvenir, ce n'était pas un moment spécialement agréable, cela relevait davantage de la nécessité, de l'impérieuse nécessité. Il fallait que je me lave ! Sous l'eau, je sentais le vide en moi, mon corps et mon esprit étaient vides. J'ai frotté, frotté, frotté encore et encore ce corps qui avait tant subi pendant toute la nuit et pendant ces affreuses semaines. Je me suis aussi regardée dans le grand miroir de la salle de bains, de la tête aux pieds. C'était impossible chez eux, la glace était accrochée trop haut au-dessus du lavabo. Quel choc ! Je ne me reconnaissais pas du tout, j'avais énormément maigri, j'étais couverte d'hématomes de toutes les couleurs, de griffures, de brûlures de vêtements et de cigarettes. Dans le miroir, je regardais un corps qui n'était pas le mien. J'ai enfilé de vieux vêtements puis j'ai décidé de nettoyer la maison à l'eau de Javel. Pièce après pièce, pendant des heures.

Dans l'après-midi, j'ai entendu les crissements des pneus du scooter. Ce n'était pas une bonne nouvelle, je risquais de prendre très cher. Mais curieusement, Rudy n'était pas en colère. Au contraire, il s'est confondu en excuses, a admis qu'il n'aurait pas dû se comporter comme ça, m'a assuré qu'il avait compris ses erreurs et qu'il allait désormais me laisser tranquille. Connaissant le bonhomme, je n'y ai pas cru un instant. Des promesses en l'air, j'en avais déjà eu des pelletées, des fausses excuses aussi. Rudy n'a pas cherché à s'imposer, il ne s'est pas davantage éternisé dans mon salon. Il est reparti en se traitant de tous les noms, chargé d'un sac Aldi dans lequel j'avais rassemblé toutes ses affaires éparpillées dans mon domicile.

J'ai traversé l'impasse pour saluer ma belle-sœur Joyce et lui demander si elle voulait bien m'aider à me débarrasser des poux que j'avais attrapés pendant ce séjour en enfer. On a passé deux heures à papoter chez moi, je lui ai avoué à demi-mot ce que j'avais vécu mais sans mentionner les viols. Joyce m'a dit qu'elle allait désormais se montrer vigilante et elle a appelé Jérôme et Nicolas pour que je récupère mes deux filles. C'était la fête, j'étais ravie d'avoir de nouveau Lana et Ambre à mes côtés, elles m'avaient énormément manqué. Dans la soirée, Joyce et mon frère Cédric sont venus discuter sous ma pergola. Dans le noir, avec une petite lampe comme seul éclairage, on a parlé de Rudy, de son comportement, de ses accès de violence. Tout d'un coup, je me suis figée. « Il est là », ai-je annoncé. Ma belle-sœur s'est moquée de moi, il n'y avait aucun bruit dans les graviers et les alentours étaient plongés dans l'obscurité. Puis, à son tour, elle s'est interrompue. « Ah oui, il est là », a-t-elle murmuré.

Rudy s'est approché, il n'avait pas raté une miette de notre discussion. Il a salué mon frère puis s'est pris un vent quand il a voulu faire la bise à ma belle-sœur. « Je sais que tu es violent, je ne te dis pas bonjour », lui a-t-elle annoncé. Terrorisée, un nœud dans l'estomac, je n'osais pas affronter son regard, regrettant déjà mes confidences. « Ça va, tu as bien bavé sur moi, ça fait une heure que je t'écoute », m'a-t-il reproché. Il voulait me parler en tête à tête mais Joyce s'y opposait de façon véhémente, en promettant que, dorénavant, elle l'aurait à l'œil. Je commençais à avoir peur pour elle : malgré son côté costaud, elle ne faisait pas le poids face à la violence de Rudy. J'ai fini par accepter de discuter avec lui, à condition qu'on puisse nous voir. On s'est mis derrière la baie vitrée et pour la énième fois, il m'a chuchoté qu'il était fou d'amour pour moi. Et pour la énième fois, je lui ai répété que je ne voulais plus le voir, qu'il fallait qu'il s'en aille. Ce qu'il a fait.

J'ai lavé les tasses à café ainsi que la vaisselle des filles puis j'ai fait le tour du rez-de-chaussée pour tout verrouiller. Il y avait trois portes-fenêtres dans cette maison, une dans la cuisine et deux dans le salon salle à manger. Toutes étaient fermées mais il manquait une clé, que Rudy avait peut-être volée.

De peur qu'il n'entre pendant la nuit, j'ai placé le canapé, un petit deux-places en cuir noir et blanc, devant la baie vitrée. Puis je suis montée me coucher au premier étage. Sous la couette, j'ai vite piqué du nez mais je me suis réveillée au milieu de la nuit. Pour découvrir avec effroi que Rudy était allongé à mes côtés. Sans faire le moindre bruit, il avait réussi à s'introduire dans le logement puis dans ma chambre et mon lit ! Il m'a tenue par la nuque pour m'empêcher de me lever et m'a ordonné de ne pas bouger. Il ne m'a rien fait d'autre et a fini par s'endormir. Et moi aussi, quand bien même je n'étais pas très rassurée.

16.
L'incendie

Au petit matin, une odeur bizarre de parfum m'a sortie du sommeil. Je me suis levée, Lana était dans le couloir, devant la salle de bains, en train de sangloter. J'ai cru qu'elle avait joué avec des flacons mais ce n'était pas du tout ça : des flammes commençaient à monter à l'intérieur de sa chambre. J'ai fermé précipitamment la porte, mis une serviette mouillée en travers du seuil pour empêcher la fumée de sortir puis vérifié qu'Ambre dormait bien dans la petite pièce à côté. J'ai hurlé à Rudy qu'il y avait le feu puis j'ai pris mes deux filles sous le bras, en leur mettant des serviettes mouillées sur la tête. On a dévalé l'escalier et je les ai fait sortir dans la ruelle pour les mettre en sécurité, chez Cédric et Joyce. En t-shirt et culotte, j'ai aussi prévenu les voisins de sortir de chez eux, par crainte que le feu ne se propage de maison en maison.

Le temps que les secours interviennent, l'incendie avait pris beaucoup d'ampleur. On entendait les fenêtres qui explosaient les unes après les autres à cause de la chaleur. Et moi, au milieu de ce chaos, j'interpellais les pompiers. « Vous pourriez enlever vos chaussures, quand même, j'ai tout lavé hier », leur faisais-je remarquer. Des mots insensés, prononcés par une femme en état de choc. L'incendie éteint, j'ai enfin pris conscience de l'ampleur du désastre en constatant les dégâts. Effectivement, le grand ménage de la veille n'avait servi à rien ! Au premier étage, tout avait cramé. Au rez-de-chaussée, il y avait de la suie partout, ce qui rendait irrécupérables la plupart des meubles, objets et vêtements. En quelques dizaines de minutes, tous mes souvenirs étaient partis en fumée. Enfin, ce qu'il en restait – Rudy en avait déjà balancé beaucoup à la poubelle au printemps dernier.

Je n'étais pas la seule à avoir parlé aux pompiers. Rudy aussi avait échangé avec eux pour les informer qu'au moment du départ des flammes, il avait surpris Lana un briquet à la main. Selon lui, pas besoin d'aller chercher plus loin la cause de l'incendie. Sur le moment, je n'ai pas réagi, je ne me suis même pas demandé si ses déclarations étaient crédibles. Mais j'ai eu des doutes des semaines plus tard, quand il s'est de nouveau montré menaçant envers moi, me disant des choses comme « fais attention, il y a déjà eu le feu chez toi, ça pourrait recommencer ». Je me suis alors souvenu que Rudy était fasciné par le feu. Il m'avait déjà raconté qu'enfant, lorsqu'il était en colère, il adorait cramer des choses. À la réflexion, son témoignage aux pompiers ne tenait pas debout. Ce matin-là, il était encore dans le lit quand j'avais découvert Lana dans le couloir, effrayée. Elle n'avait rien du tout dans ses petites mains. Du haut de ses six ans, elle ne savait d'ailleurs même pas se servir d'un briquet !

Pendant l'instruction, les enquêteurs ont tenté de démêler le vrai du faux dans cette histoire d'incendie. Lana elle-même a été interrogée par un policier : elle a démenti avoir mis le feu et confirmé ne pas savoir allumer un briquet. Entendus également, son père Nicolas et son oncle Cédric ont eux aussi rejeté cette version, jugée invraisemblable. Lors de son audition, Cédric s'est même dit convaincu de la responsabilité de Rudy dans le départ des flammes. Selon lui, cet incendie n'avait d'autre but que de me faire déménager, pour me soustraire à sa vigilance et à celle de sa copine. Avec du recul, ces explications me semblent aujourd'hui très crédibles. Mais elles restent à l'état d'hypothèse. Les raisons du sinistre n'ont en effet jamais été élucidées. Faute de preuves, Rudy n'en a pas été reconnu coupable à l'issue de son procès.

Ce matin-là, devant la maison pleine de fumée et d'odeurs âcres, j'étais complètement paumée. Le sang-froid dont j'avais fait preuve pour évacuer mes filles avait laissé place à un état d'hébétude. Rudy, lui, resplendissait. Au milieu des pompiers et des voisins venus prendre des photos, il jouait au héros, racontant à qui voulait l'entendre qu'il avait descendu les deux filles sur ses épaules, ce qui était parfaitement inexact. Il donnait aussi son numéro de téléphone portable à droite et à gauche – je n'en avais plus ! –, montrant ainsi qu'il prenait les choses en main. Il a appelé les pères de mes filles pour qu'ils viennent les récupérer puis a joué les intermédiaires avec l'employée de la mairie venue offrir l'aide de la municipalité. Dans l'attente d'une proposition de relogement, la dame a proposé la prise en charge des deux premières nuits d'hôtel. Rudy a gentiment refusé, arguant que nous avions déjà une autre solution.

Je n'en avais pourtant aucune. Ma mère a en effet refusé que je vienne dormir chez elle, de même que Joyce, furieuse que je me sois déjà remise en ménage avec Rudy malgré ses efforts, la veille, pour le faire décamper. Aussi incroyable que cela puisse paraître, j'ai finalement repris ce jour-là le chemin de la maudite maison dont je venais de m'enfuir. Aujourd'hui, si une amie se retrouvait dans une telle situation, je lui crierais : « Ne fais pas ça ! Ne fais pas ça ! Va dormir n'importe où mais pas là ! » Pourtant, j'ai gentiment suivi Rudy jusqu'à son domicile. Le soir, il a installé un matelas gonflable dans le séjour et nous avons passé la nuit à discuter tous les deux. Il était calme, prévenant et m'a promis qu'il m'aiderait dans les démarches. Le lendemain matin, son téléphone a sonné. C'était la mairie de Lourches, qui avait déniché un logement pour moi.

17.
Un nouveau cocon

L'habitation se trouvait à Denain, à moins de 500 mètres de chez Rudy, dans la cité dite « Werth ». Un quartier ouvrier sorti de terre en 1875, au pied des hauts-fourneaux. Un employé de la mairie attendait devant le portillon pour la visite. Ici, toutes les maisons étaient mitoyennes et identiques : deux niveaux, une façade en crépi beige avec des bords en briques rouges, un jardinet. La mienne avait quand même une particularité : elle était à l'abandon. Le jardin ? Une jungle avec des herbes folles plus hautes que moi et d'énormes lilas obstruant la porte d'entrée. Sur le seuil, le monsieur s'est retourné vers moi. « Bon, par contre, la maison n'a pas été ouverte depuis plusieurs mois, faut vous boucher le nez », a-t-il dit avec un fort accent ch'ti. Il a ouvert, c'était une infection, ça sentait le cadavre et les excréments de chat. J'ai eu un haut-le-cœur, j'ai vomi sur ses chaussures.

Le monsieur, très gentil, n'en a pas fait toute une histoire. Il m'a expliqué qu'une entreprise de nettoyage allait venir dans la journée désinfecter toutes les pièces et désherber le jardin. « Je prends, ça me va », lui ai-je annoncé, tellement je rêvais d'avoir un chez-moi. J'ai emménagé le soir même. Enfin, c'est un bien grand mot vu que je n'avais ni meubles ni cartons. Cette nuit-là, j'ai dormi sur une couverture, dans le salon entièrement vide. J'ai récupéré mes filles trois jours plus tard, le temps d'aménager un peu les lieux. C'était malgré tout très rustique, on a fait toutes les trois du camping pendant plusieurs semaines. Durant cette période, Rudy se plaisait dans le rôle du bienfaiteur. Il a ainsi fait des travaux, par exemple, poser de la faïence dans la cuisine et repeindre les murs en mauve. Il m'a aussi accompagnée en voiture chez Emmaüs, du côté de Cambrai, pour acheter du mobilier. Il a même lancé un appel aux dons sur les réseaux sociaux. Mais cette fois-là, le naturel a repris le dessus : il a gardé pour lui la plupart des objets offerts.

Pendant les premières semaines, je suis très peu sortie de cette nouvelle maison. Cela peut paraître curieux, j'avais pourtant beaucoup souffert de la séquestration. Mais maintenant que j'avais recouvré la liberté, j'aimais être enfermée chez moi. Je m'y sentais bien, en sécurité. À l'extérieur, je restais toujours sur mes gardes. La peur ne me quittait pas, j'avais acquis des comportements réflexes. Baisser la tête, ne pas regarder les gens, ne pas s'approcher des hommes, ne parler à personne… Dans la rue ou les magasins, je marchais comme un zombie. Pour amener Lana en classe, je prenais le plus souvent la voiture. L'école était tout près, à un kilomètre tout au plus, mais c'était aussi celle des enfants de Rudy. Y aller à pied, c'était prendre le risque de subir insultes, moqueries ou crachats. De la part de Tessa comme de ses copines du quartier, le genre à sortir dans la rue en pyjama et à jurer de façon très grossière.

Dans cette maison bien vide, j'ai cherché à recréer une sorte de cocon familial. Avec mes filles, on adorait faire des cabanes, se raconter des histoires merveilleuses. On utilisait des rideaux ou des vieux draps moches récupérés chez Emmaüs, que j'accrochais au plafond à une suspension luminaire. On lisait aussi beaucoup de petites histoires, et j'encourageais Ambre dans ses premiers pas, elle commençait à marcher. J'élevais aussi un bébé perroquet femelle, un Gris du Gabon comme chez Rudy, que j'avais appelé Ysie. Pour qu'elle s'amuse, j'avais aménagé tout un coin du salon, avec des cordes et des jouets que j'avais fabriqués. Il fallait la nourrir à la seringue, la réchauffer car elle n'avait pas de plumes au début.

Je me souviens de la première fois où elle a volé dans le salon, j'étais heureuse, je me sentais utile et aimée. Rudy avait, lui, acheté un mâle adulte, Scottie. Il s'en occupait peu, préférant le laisser en permanence dans sa cage. Puis il a fini par l'apporter chez moi, l'oiseau pouvait enfin déployer ses ailes et se mouvoir librement.

Lors de mon emménagement, Rudy avait essayé de faire le forcing pour s'installer avec moi. Et même faire venir ses enfants. J'avais fermement refusé et il n'avait pas trop insisté. Dans les semaines suivant l'incendie, il se montrait patient, passait souvent à l'improviste – en « kinder surprise », disait-il – pour boire un café ou dire bonjour. Il fumait une cigarette dans le jardin avec moi, on discutait un peu de choses et d'autres et il repartait calmement quand je lui demandais de me laisser. Il avait entamé des démarches pour divorcer de Tessa et il se disait seul et malheureux. Il voulait s'installer avec moi, faire venir ses enfants, je lui disais gentiment que ce n'était pas possible et il n'insistait pas trop lourdement. Sur mes conseils, il s'était trouvé un petit studio, qui lui servait de salon de tatouage et dans lequel il dormait. C'était à trois minutes à pied, exactement à mi-distance de chez Tessa et de chez moi. Tout un symbole…

Dans cette période d'accalmie, je n'étais pas pour autant sereine. Je sentais encore la pression de Rudy et n'étais pas libre de lui interdire l'accès à mon domicile. À certains moments, il n'arrivait pas à retenir la colère et la frustration qu'il avait en lui. Au lieu de me frapper, il cognait alors dans les murs. C'était évidemment moins douloureux pour moi, mais pas très rassurant. Rudy avait par ailleurs pris l'habitude de venir chez moi en début ou fin de week-end, lorsque Nicolas et Jérôme venaient chercher Lana et Ambre. Il sortait alors à leur rencontre pour leur donner leurs filles ou les reprendre. Il leur faisait ainsi croire que nous vivions ensemble, leur parlant des travaux qu'il effectuait à l'intérieur ou de nos projets. Je le laissais faire, cela évitait qu'il s'énerve et redevienne violent. Je pensais aussi qu'il ne tarderait pas à se remettre en ménage avec Tessa. Leur couple avait déjà connu des hauts et des bas, sa femme ne demandait qu'à lui rouvrir les portes du foyer familial.

18.
Le retour du vrai Rudy

Un jour, il est arrivé chez moi sans crier gare, particulièrement furieux. « Tu n'as rien à me dire ? » m'a-t-il demandé. Non, je n'avais rien à lui dire, je ne comprenais pas les raisons de sa colère. Il a alors sorti son téléphone de sa poche et m'a montré une photo prise par Tessa devant l'école de Lana. On m'y voyait, de dos, face à un homme. Il s'agissait d'un ami de jeunesse, Yann, que j'avais retrouvé par hasard devant la grille et avec lequel j'avais discuté quelques minutes. Un cliché d'une grande banalité ? Pas pour Rudy qui, fou de rage, s'est jeté sur moi. Il m'a étranglée, jetée, tirée par les cheveux, frappée à coups de poing et cogné la tête contre la chaudière de la cuisine. Il m'a battue jusqu'à ce que je m'écroule sur le sol sans bouger. « Reste à ta place, tu n'es qu'une chienne aux pieds de ton maître ! », a-t-il hurlé. Fini le gentil Rudy, fini les remords, fini les regrets. J'étais de nouveau une « pute », une « salope », une « merde », une « moins que rien ». Et il promettait de me reprendre en main.

Lassé de vivre dans son petit studio, Rudy a décidé de faire de mon domicile une annexe du sien. Malgré mes refus répétés, il s'est installé chez moi. Impossible de l'en faire partir, il allait et venait à sa guise, en maître des lieux. Il s'est aussi mis en tête de faire venir ses enfants. Il y avait à l'étage une grande chambre avec deux portes et deux fenêtres, entre lesquelles il voulait poser une cloison. De quoi faire deux dortoirs, l'un pour les filles, l'autre pour les garçons. Un plan qu'il n'a finalement pas mis à exécution, c'était quand même compliqué de retirer la garde des enfants à Tessa. Il n'a pas pour autant renoncé à les faire venir. Il les déposait régulièrement, selon son bon vouloir, puis partait vaquer à ses occupations. Ses garçons étaient toujours aussi turbulents, la maison se transformait à chaque fois en champ de bataille. Quant à Melyssa, elle se montrait grossière et insupportable avec moi – c'était la chouchoute de Rudy, elle me détestait. Je passais de longues heures à traiter leurs têtes contre les poux, de peur que Lana en attrape à nouveau. Peine perdue, il a fallu couper ses cheveux longs pour qu'elle s'en débarrasse.

Ce qui mettait le plus en colère Rudy, c'était ses disputes avec Tessa. Cela se passait très mal entre eux, il avait même pris un avocat, celui de mon premier divorce, pour préparer l'audience de conciliation qui devait avoir lieu entre eux. De retour chez moi, il explosait. Me jugeant responsable de tous ses malheurs, il s'acharnait sur moi. Une nuit, alors qu'il était parti espionner Tessa, j'ai verrouillé la porte derrière lui et laissé la clé dans la serrure pour qu'il ne puisse la rouvrir. Il a néanmoins réussi à rentrer, en passant par la fenêtre de la salle de bains. Lorsque Rudy est apparu dans la cuisine, j'étais glacée d'effroi. Je le revois encore, les yeux noirs injectés de sang, bégayant, bavant de fureur. Sans rien dire, il m'a mis un énorme coup de poing dans l'estomac. Le souffle coupé, je suis tombée sur le sol et j'ai rampé jusqu'à la salle de bains pour m'y réfugier. Hélas, impossible de m'y enfermer : Rudy avait enlevé les clés de toutes les portes intérieures. Il s'est glissé dans la pièce, m'a soulevée et rouée de coups comme jamais. Puis il est parti, sans un mot.

Groggy, je suis restée allongée sur le carrelage de longues heures. Dans la pièce, il y avait du verre et du sang partout. Sur la porte, le miroir, le radiateur, la fenêtre, les murs. Au milieu de la nuit, après avoir repris quelques forces, j'ai ramassé les éclats de verre et nettoyé la pièce. Mais impossible de faire disparaître les taches de sang sur le mur, le radiateur et la porte. Comme il me restait un pot de peinture bleue dans un placard, je l'ai utilisé pour recouvrir les traces : je ne voulais surtout pas que Lana les voie à son réveil. J'ai ensuite fait le tour de la maison pour inspecter chaque volet roulant, chaque fenêtre et m'assurer qu'ils étaient bien fermés. Puis je suis montée me coucher. Dans mon lit, j'ai passé le reste de la nuit aux aguets, sursautant au moindre bruit venant du dehors.

Les semaines ont passé et mon état n'a fait qu'empirer. Je me renfermais toujours plus, regardant mes pieds lorsque je sortais. Je ne supportais plus de croiser le regard des gens, je ne parlais à personne. J'étais devenue une ombre, l'ombre de Rudy. Je me sentais surveillée aussi. De fait, Rudy avait demandé à ses copains de lui signaler mes allées et venues et de me prendre en photo chaque fois qu'ils le pouvaient. Tessa en faisait de même avec toutes ses copines du quartier. Elle voulait récupérer son homme et cherchait par tous les moyens à le détourner de moi. Je sentais la présence de Rudy partout, j'avais la sensation permanente d'être sous sa menace, qu'il soit ou non dans les parages. Lorsque j'emmenais Lana à l'école – elle était en CP et avait heureusement des bonnes notes –, je ne sortais plus de la voiture, garée sur le petit parking de l'autre côté de la rue.

Et lorsque je la récupérais, je trouvais toujours une excuse pour l'attendre à l'écart, à côté du passage piéton où les policiers municipaux faisaient traverser les enfants.

Pour cacher les hématomes, les œdèmes, les ecchymoses, je ne portais plus que des pulls à manches longues et des pantalons. Mais les traces restaient visibles sur mon visage : le fond de teint ne faisait pas de miracle, il ne pouvait rien contre les trous dans mes cheveux, que Rudy m'arrachait par poignées. Très vite, j'ai cessé de me regarder dans le miroir. Dans la salle de bains, je ne levais plus la tête au-dessus du lavabo pour me brosser les dents, me coiffer ou me maquiller. Je faisais attention à ne jamais tomber sur mon reflet, je ne supportais plus l'image que j'y apercevais. Cette personne en face, ce n'était pas moi, pas celle que j'aspirais à être. J'éprouvais de la honte pour toutes les erreurs qui m'avaient menée jusque-là, et de la mélancolie pour ma vie d'avant, finalement tellement légère et joyeuse.

Je faisais tout mon possible pour rester une maman forte. Ce sont mes filles qui me maintenaient en vie, elles me donnaient le courage de tenir. Malgré mes efforts pour paraître enjouée, Lana n'était pas dupe. Elle voyait bien que ça n'allait pas fort. J'avais tellement mauvaise mine, j'étais tellement maigre... Elle m'encourageait pourtant à manger. Pour lui faire plaisir, j'avalais quelques bouchées mais les vomissais ensuite. Rien ne restait dans mon estomac, j'avais perdu l'appétit. Avec Lana et Ambre, il y avait bien sûr des moments de joie, des crises de rire pour évacuer les larmes, des séances de jeu dans ces fameuses cabanes que nous construisions toutes les trois. Mais cela ne suffisait pas à compenser ces moments d'horreur où Rudy débarquait pour assouvir sa colère à coups de poing.

À cette époque, je n'avais quasiment aucune vie sociale. J'avais perdu toutes mes relations amicales et professionnelles et je voyais très peu ma famille. Ma mère et mon beau-père sont bien venus me voir une fois ou deux, mais Rudy s'était alors arrangé pour être présent, histoire de ne pas me laisser seule avec eux. En public, il était absolument redoutable pour donner le change. Il se montrait gentil, attentionné, il savait parfaitement endosser le costume du gendre idéal. Ce qui lui a permis de berner bien des gens. Cela ne l'empêchait pas de maintenir une pression constante sur moi pendant ces moments conviviaux. Discrètement, il enserrait ma nuque, touchait le bas de mon dos au niveau de la colonne vertébrale, pinçait l'arrière de mon genou ou me regardait fixement. Tous ces gestes n'avaient qu'un seul but, me rappeler que je restais sa chose, sous sa menace. « Tu ne perds rien pour attendre », murmurait-il, en quelque sorte.

19.
La visite au commissariat

Il fallait bien que ces violences cessent. Je ne pouvais compter sur personne autour de moi. Ni ma famille ni mes proches, que je ne voyais presque plus. Ni les habitants du quartier, qui préféraient ignorer ce qui se passait à mon domicile. Interrogée des mois plus tard lors de l'instruction, l'une de mes voisines avait ainsi confirmé aux enquêteurs qu'on entendait souvent, le soir, des cris provenant de ma maison. Mais que, dans ces moments-là, elle avait pris l'habitude d'augmenter le son de la télévision car elle ne comprenait rien à nos histoires… Un dimanche en milieu de journée, Rudy m'avait même traînée par les cheveux dans le jardin, de la porte d'entrée jusqu'au garage. J'avais appelé au secours les passants et les voisins qui avaient mis le nez à la fenêtre. Mais aucun n'avait pris ma défense ni appelé la police. Ce jour-là, Rudy m'avait surprise en train de regarder des photos d'Océane – la première fille de mon mari – et il voulait me le faire payer. Dans le garage, il m'avait même fait manger les photos. Une autre fois, j'ai supplié par la fenêtre un voisin qui passait par là de me venir en aide. Rudy l'a menacé – « qu'est-ce que tu veux, toi, bouffe tes morts ! » – et le monsieur s'est enfui sans rien faire.

Dans les premiers jours d'automne, je me suis rendue pour la première fois au commissariat de police. Qu'est-ce qui m'a motivée ? Jérôme. Quelques jours auparavant, il avait découvert lors de notre audience de conciliation que j'étais couverte d'hématomes et de traces de brûlures. En sortant du bureau de la juge aux affaires familiales, il m'avait alors suppliée de porter plainte. J'y avais déjà pensé des dizaines de fois, sans jamais oser le faire. J'avais aussi menacé Rudy de porter plainte à plusieurs reprises. Mais il ne m'en croyait pas capable. Il avait appris par mon frère que mon premier rapport sexuel, lorsque j'étais adolescente, n'était pas consentant. Je n'avais pas dénoncé ce viol à l'époque, et Rudy était persuadé que je ne le ferais pas davantage aujourd'hui. Il se trompait.

Je suis montée dans ma petite voiture grise, direction le commissariat. Celui-ci se trouvait à cinq minutes en voiture, derrière l'hypermarché Carrefour, à quelques mètres du centre hospitalier où je travaillais auparavant. J'avais la boule au ventre. Non pas d'aller parler aux flics, mais que Rudy l'apprenne. Comme il savait tout de mes faits et gestes grâce à son réseau d'informateurs, il ne faisait guère de doute que cette visite ne resterait pas secrète bien longtemps.

Je ne me suis pas dégonflée pour autant. J'ai garé la voiture devant le bâtiment grisâtre à deux étages, avec de grands barreaux de protection devant les fenêtres du rez-de-chaussée, et suis entrée. La porte donnait sur un grand hall, servant de salle d'attente. Derrière une vitre en plexiglas, une dame se chargeait d'accueillir les nouveaux venus. « Votre nom ? Votre prénom ? Votre adresse ? La raison de votre visite ? » a-t-elle scandé. Il fallait élever la voix pour lui répondre, la vitre atténuait le son. Pour la discrétion, il fallait repasser : dans la pièce, tout le monde entendait. L'agente d'accueil a réclamé ma carte d'identité puis m'a priée de m'asseoir et de patienter, on allait me recevoir.

Au bout de quelques longues minutes, on m'a fait entrer dans un *open space*. Il y avait là trois bureaux, dont deux déjà occupés par des policiers en train d'écouter des gens raconter leurs problèmes. Une femme très froide m'a fait asseoir devant le troisième poste de travail. « Alors, qu'est-ce qui vous arrive ? » m'a-t-elle demandé, l'air las. J'ai commencé à lui raconter mon calvaire, en insistant sur la violence de mon compagnon et la peur qu'il m'inspirait. Mais sans mentionner ni les viols ni la séquestration : les lieux ne s'y prêtaient vraiment pas. Alternant sourires et soupirs, la policière m'a écoutée en triturant son stylo, sans jamais prendre de notes. Puis elle a rendu son verdict : « En fait, cela vous déplaît qu'il aille retrouver sa femme, vous êtes une maîtresse jalouse. » À ses yeux, cette histoire ne méritait pas un dépôt de plainte, pas même une main courante. Elle m'a raccompagnée à la porte, je suis sortie du commissariat. Ma venue n'avait servi à rien, il en restait seulement quelques lignes dans un registre. Sur le parking, une berline bleu nuit est passée devant moi. J'ai reconnu des copains de Rudy à l'intérieur. Plus de doute, mon escapade allait vite lui revenir aux oreilles.

20.
Des mots, encore des mots

Il n'a fallu que quelques heures pour cela, le temps que ses copains le trouvent dans une soirée. Au milieu de la nuit, il a débarqué chez moi, furieux, exigeant que je lui explique les raisons de ma visite chez les « schmitts » au « commico », pour reprendre ses expressions. Pour lui faire peur, j'ai prétendu avoir porté plainte contre lui et qu'il risquait gros si les violences continuaient. Ce n'était pas une excellente idée : il m'a mis une raclée jusque dans la cave. J'y suis restée un moment, les vêtements arrachés, nue sur le sol frais en terre battue. La sensation était curieusement agréable, mon corps endolori me brûlait. Après les scènes de violence, il m'arrivait d'éprouver un sentiment d'apaisement, de légèreté. Parfois, je pensais que ma vie allait s'achever là, par terre. J'imaginais le drame, relaté dans la rubrique des faits divers de

La Voix du Nord. En titre, « une femme meurt sous les coups de son conjoint ».

Lorsqu'il avait été particulièrement violent, Rudy m'écrivait des lettres dans lesquelles il me déclarait sa flamme et s'excusait à demi-mot pour ses comportements. Dans le ton et le style, elles se ressemblaient toutes un peu. L'une d'elles, sur deux pages, commençait comme cela : « *Je suis désolé pour ce qu'il s'est passé, j'avais vraiment envie de toi mais tu ne l'as pas vu de cet œil, j'en suis vraiment désolé même si ça m'a piqué sache que je ne suis pas près de recommencer.* » Il ajoutait aussi cela : « *J'espère que tu ne resteras pas braquée mon petit cœur, car ce n'était pas mon intention de te faire mal.* » Puis concluait par un « *je t'aime plus que tout, tu es la femme de ma vie my baby d'amour* ». Dans un autre contexte, ces lettres auraient pu m'attendrir. Mais vu les circonstances, j'étais vaccinée ! Comme je ne les acceptais pas, il les déposait devant la porte d'entrée. Je ne les lisais pas toutes, mais je les gardais, en me disant qu'elles pourraient me servir de preuves. J'avais bien fait, je les ai remises à la police lors d'une audition.

En plus des petits mots, j'avais aussi droit à des fleurs, des tonnes de fleurs. De toute ma vie, il n'y en a jamais eu autant que dans ma maison de la cité Werth ! Rudy en achetait tellement souvent qu'il avait une carte de fidélité dans une boutique qui avait récemment ouvert à Denain. Un jour, devant l'une de ces énormes compositions, ma mère s'est exclamée : « Oh, tu en as de la chance ! » « Les fleurs, il y en a plein les cimetières », lui ai-je répondu. Je ne suis pas sûre qu'elle ait saisi le sens de mes paroles, elle idolâtrait Rudy et ne voulait pas voir tout le mal qu'il me faisait. Lors du procès, l'avocat général a reparlé de toutes ces fleurs qu'il m'offrait. Dans son réquisitoire, il a mentionné un texte sur les violences conjugales, portant sur le phénomène de l'emprise, qui commençait par ces mots : « *J'ai reçu des fleurs aujourd'hui.* » Puis il a ajouté, en parlant de nous, les victimes : « J'espère qu'elles recevront des fleurs à la Saint-Valentin, de la part d'un homme, un vrai. »

Rudy écrivait, moi aussi. Depuis l'enfance, j'ai toujours aimé prendre la plume pour raconter des histoires ou confier mes secrets à un journal intime. Des notes, j'en ai pris dès le début de ma relation avec Rudy, sur des feuilles A4. C'était pour moi l'occasion de prendre du recul, d'essayer de mettre des mots sur ce que je vivais, d'évacuer la peur. À la cité Werth, je me suis mise à écrire sur un petit carnet, en secret. Je l'avais caché dans la trappe de visite de la baignoire. À force de fouiller partout, Rudy a fini par tomber dessus, cela lui a donné un nouveau prétexte pour me passer à tabac après l'avoir brûlé. Des écrits, il m'en a aussi fait manger, littéralement. Mais il ne les a pas tous trouvés : j'en avais notamment dissimulé dans des livres de naissance d'Ambre, que j'avais remis à Jérôme lors d'une visite. J'ai relu l'un de ces textes, qui raconte notamment une sortie dans un parc d'attractions, en Belgique, avec Rudy et son fils aîné. Dans mes souvenirs, c'était l'un des rares moments heureux de notre relation, au début de l'été 2014. Erreur complète ! Dans les huit pages manuscrites, je ne cesse de me plaindre de la terreur qu'il m'inspire…

Rudy n'avait pas peur de moi, il se croyait tout-puissant, maître de mon univers. Mais il était quand même méfiant et prudent. Pour m'inciter à me taire et à lui obéir, il savait très bien s'y prendre : il menaçait de s'en prendre à mes proches. À de nombreuses reprises, il m'a prévenue qu'il n'hésiterait pas, si besoin, à s'occuper des pères de mes filles, Nicolas et Jérôme, ou de ma mère. Histoire de prouver qu'il ne plaisantait pas, il pouvait me montrer des photos. Sur certaines d'entre elles, on le voyait, par exemple, de nuit, devant le petit pavillon de ma mère, situé dans un lotissement de Douchy-les-Mines. Ou juste à côté de sa voiture, garée devant, dont il disait pouvoir trafiquer les freins. Sur d'autres, c'était le véhicule de la mère de Jérôme qu'il désignait. Ces menaces me glaçaient le sang, je l'en croyais capable. Lors de la séquestration, Tessa m'avait d'ailleurs confirmé que son homme n'avait pas de limites.

21.
Dehors, Rudy

Pour sortir de ce guêpier, je me suis décidée à retourner au commissariat. Certes, la première visite n'avait pas eu le résultat escompté, mais il fallait bien que je retente ma chance. Que pouvais-je faire d'autre ?

Au cours de l'automne, j'ai donc franchi à nouveau la porte d'entrée grillagée. Une première fois, puis une autre, puis une autre encore. Je n'ai pas compté le nombre de visites effectuées dans ce satané commissariat, mais il me semble qu'on doit bien atteindre la dizaine. Ça n'a jamais marché. Que je sois reçue par des hommes ou des femmes – les agents finissaient, à force, par me connaître –, rien ne changeait. Aucun n'a jamais considéré que les faits de violence que je relatais méritaient un dépôt de plainte. Une fois, je n'ai même pas réussi à dépasser le bureau d'accueil ! Dans mon souvenir, un seul de ces déplacements – je ne saurais dire lequel – s'est terminé par le dépôt d'une main courante. Ces policiers faisaient-ils preuve de mauvaise volonté ? Sûrement pas. À Denain, les histoires de violences conjugales, ils y étaient tout simplement confrontés du matin au soir, c'était la routine. Comme ils n'avaient jamais été formés à recueillir la parole des victimes, je pouvais toujours causer. Ces vaines tentatives me remplissaient d'amertume et de désespoir. D'autant plus que Rudy en était souvent informé. Outre les violences que cela me valait, cela le confortait dans sa certitude que rien ne pouvait lui arriver.

Les coups ont continué, le soir le plus souvent. Rudy ne se lassait pas, sa violence était sans fin. Il me disait : « Vas-y, occupe-toi de tes princesses et prie pour ne pas les réveiller en gueulant. » Je me rappelle ces minutes de latence où, les filles couchées, j'écoutais et décryptais chaque bruit, dans la crainte de ce qui allait suivre. Je savais que les coups allaient pleuvoir, mais j'en ignorais la cause et le début du compte à rebours. Lorsqu'il frappait, il aimait qu'on lui résiste, qu'on se défende, qu'on l'insulte, ça l'excitait. Il m'arrivait parfois de lui tenir tête, de me débattre, d'être brutale moi aussi, mais seulement lorsque Lana et Ambre dormaient chez leurs pères. Sinon, j'encaissais du mieux possible, en mode survie. J'étais capable d'étouffer la douleur, en serrant la mâchoire, dans l'espoir de ne pas réveiller les filles. Aujourd'hui encore, je peux faire ressurgir cette sensation d'étouffer sous la pression de ses mains sur mon cou, de ses coups de poing dans le ventre. « Reste à ta place ! » aimait-il hurler. Je restais à ses pieds, sans bouger, sur le carrelage froid.

Un jour de début décembre, cela ne s'est pas passé comme cela. À cette époque, on se disputait beaucoup à propos des fêtes de fin d'année. Rudy voulait faire un grand rassemblement pour Noël, avec Tessa et moi, ses enfants et les miens. Hors de question ! Le souvenir de la séquestration était encore bien vivace, je refusais catégoriquement de réunir nos deux familles. Un soir, furibond, Rudy a voulu monter à l'étage réveiller Lana, pour lui dire de vive voix que sa mère était une « pute ». Cette perspective m'a complètement fait vriller. Telle une lionne voulant défendre ses petits, je l'ai rattrapé dans l'escalier et me suis mise à le frapper au visage. Devenu fou, il m'a fait redescendre dans le salon en me tirant par les cheveux. Il a commencé à me frapper mais je ne me suis pas laissé faire. J'ai rendu les coups, encore et encore. De rage, j'ai réussi à lui mettre un énorme coup de poing et à le faire tomber au sol. Je l'ai traîné par terre en le tirant par le maillot, lui ai balancé des coups de pied et, à bout de forces, l'ai mis dehors.

J'ai fermé la porte à double tour, laissé les clés dans la serrure et vérifié que tous les volets étaient bien fermés. Dehors, Rudy avait repris ses esprits. Il m'insultait, criait, tapait dans les volets et dans la porte. Aux aguets, je faisais le tour de la maison, encore et encore, pour m'assurer qu'il ne pouvait s'introduire à l'intérieur. Le matin, j'ai reçu un appel de sa mère, fâchée que j'aie mis son fils dehors en pleine nuit. Je suis restée calme et, à mon tour, ai téléphoné à ma mère. J'avais l'intention de dégager Rudy de mon domicile et je cherchais de l'aide pour gérer le moment où il allait débarquer. Pour une fois, elle a accepté, je l'ai accueillie chez moi avec Jean-Jacques, mon beau-père. Je les ai mis au courant de ma situation mais en édulcorant beaucoup, sans raconter les viols.

Lorsque Rudy est arrivé, il était plutôt calme, il n'a pas cherché les embrouilles. Il a bien sûr raconté à ma mère qu'il avait quitté sa femme pour moi, qu'il était triste, que c'était quand même dur d'être mis dehors comme ça. Mais il n'a pas trop insisté : il a pris ses sacs à l'intérieur, ses affaires dans le garage et il est parti.

Sur les conseils de ma mère, j'ai pris rendez-vous chez mon médecin traitant, en prétextant un rappel de vaccin pour Ambre. Son cabinet se trouvait à Douchy-les-Mines, juste en face de la médiathèque.

En passant la porte, j'ai appris qu'il était absent et que j'allais donc être reçue par un de ses collègues, que je n'avais jamais vu. Tant pis, je me suis quand même lancée dans mon histoire, en montrant les traces de coups que j'avais sur les bras, les poignets, le dos, la nuque. Un peu embarrassé, le médecin m'a examinée, a relevé les ecchymoses, m'a prescrit une minerve, des antalgiques et des somnifères ainsi qu'une incapacité totale de travail de deux jours. Je lui ai aussi fait part des viols que je subissais. « Oh, là là, vous avez des preuves ? » m'a-t-il demandé, en soulignant que ma parole ne suffisait pas. Il m'a conseillé, en cas de rapport sexuel non consenti, d'aller immédiatement au commissariat. « Sans vous doucher », a-t-il précisé. J'ai quitté son cabinet, désemparée. Comment allais-je m'en sortir ?

22.
La nouvelle année

Pendant tout le mois de décembre, Rudy n'a pas montré le bout de son nez. Pas une visite, pas un message, pas un bouquet. Rien ! Je n'arrivais pas pour autant à me réjouir de son silence. Au fond de moi, je n'arrivais pas à croire qu'il ait, enfin, fait le deuil de notre relation. Malgré son absence, j'étais constamment sur les nerfs, sur le qui-vive, incapable de manger et de dormir.

Pour la nuit de Noël, j'ai invité à la maison mon frère, ma belle-sœur et son fils ainsi que mon ex-mari Jérôme. Lana et Ambre étaient aux anges, c'était un moment joyeux. Enfin, pas tellement pour moi : j'ai passé la soirée hyper stressée, craignant que Rudy ne débarque à tout instant. Cette nuit-là, Jérôme est même resté dormir chez moi tellement j'étais anxieuse. Une peur inutile, il ne s'est pas pointé. Pour le réveillon, je n'avais pas la tête à trinquer ni à danser. J'ai décliné plusieurs invitations, je voulais rester au chaud chez moi, tranquille. Mon 31 décembre, je l'ai consacré à faire un grand ménage. J'ai nettoyé, trié, rangé, déplacé des meubles... Je voulais effacer toute trace de Rudy avant de démarrer l'année 2015. Pour la Saint-Sylvestre, je me suis fait un petit réveillon solitaire sous la couette, devant la télé : paëlla, verre de vin blanc offert par Jérôme, émission sur TF1. Pas très excitant, mais cela m'allait.

Peu avant minuit, on a frappé à la porte. Il faisait noir, on ne voyait rien à l'extérieur. C'est assez incompréhensible, mais j'ai ouvert sans me méfier. Dans mon souvenir, j'étais persuadée que c'était mon frère, dehors, qui voulait me convaincre de ne pas rester seule. Raté, c'était Rudy. Le temps que je claque la porte, il avait déjà mis son pied en travers. « Alors, tu es en bonne compagnie », m'a-t-il dit en rentrant. Il empestait l'alcool et me soupçonnait d'être avec un homme. Il s'est mis à fouiller les pièces, à la recherche de ce visiteur imaginaire. Il criait et riait en même temps, comme s'il prenait plaisir à cette situation. « Je te taquine », m'a-t-il dit lorsqu'il a pu constater que la maison était bien vide. Cela ne l'a pas du tout calmé pour autant. Il m'a arraché mon t-shirt, mon boxer noir et m'a violée sur le lit, comme je l'ai expliqué aux policiers dans ma plainte. Selon lui, j'attendais quelqu'un pour la nuit et il voulait « passer le premier pour la nouvelle année ». Il m'a ensuite mis son poing dans la figure et s'est sauvé, en reboutonnant son jean dans les escaliers.

Cette nuit de réveillon a signé le retour de Rudy dans ma vie. Des mois plus tard, j'ai d'ailleurs appris que sa brève disparition, en décembre, n'avait rien d'une quelconque tentative pour me laisser tranquille. Il avait tout simplement fait, sur un site de rencontres, la connaissance d'une jeune femme, employée dans une chaîne de restaurants de Cambrai. Leur courte liaison m'avait offert un répit, désormais terminé. Rudy a repris son rôle préféré, celui du pauvre type malheureux. Il passait souvent à la maison, sans jamais s'imposer, toujours calme. Il me parlait de sa dépression, du poids qu'il avait perdu, de sa rupture soi-disant définitive avec Tessa, de l'argent qu'il lui donnait pour les enfants. Et même de son nouveau travail dans le bâtiment, contrat en CDI plus vrai que nature à l'appui. Il me disait aussi qu'il avait compris tout le tort qu'il m'avait fait, qu'il m'aimait, que ses enfants me réclamaient. Le grand jeu.

Et moi – mais quelle idiote, c'est à peine croyable ! – j'ai gobé toutes ses belles paroles, je me suis laissé à nouveau attendrir. Pas au point de lui permettre de s'installer chez moi, non. Disons que je lui ai redonné une place dans ma vie, malgré toutes les innombrables horreurs qu'il m'avait fait endurer. Parce qu'il avait l'air tellement triste, tellement perdu… Cet homme avait un don incroyable pour embobiner les gens, leur faire avaler n'importe quoi. Il savait indubitablement se montrer sous son meilleur jour. Je me souviens ainsi d'une excellente soirée passée en sa compagnie, au début de l'année 2015. Ensemble, on a regardé le film *Dirty Dancing* dans le salon puis on s'est mis à danser et rire comme des fous. À certains moments, Rudy devenait une sorte de Peter Pan, un enfant euphorique, drôle et même craquant. Il parvenait à faire oublier tout le reste. Et c'est justement pour cela qu'il était si dangereux.

Pour mes proches, ce mauvais feuilleton devenait lassant. J'avais beau avoir décrit Rudy comme violent, ils le voyaient toujours traîner chez moi. C'était bien la preuve que, coups ou pas, j'y trouvais mon compte et qu'il n'était donc pas nécessaire de trop s'inquiéter de mon sort. Mi-janvier, mon beau-père Jean-Jacques a néanmoins pris une initiative. Il m'a suggéré de regarder avec Rudy le téléfilm *L'Emprise*. Il allait passer sur TF1, mais il en avait déjà une version, sur une clé USB. C'était l'histoire d'une mère de quatre enfants qui se retrouvait jugée aux assises pour avoir tué son mari, qui l'avait battue et torturée pendant leurs quatorze années de mariage. Un soir, on s'est bien calés dans mon grand canapé en cuir blanc et on a allumé la télé. Au début, le téléfilm plaisait bien à Rudy, je me rappelle même qu'il insultait le mari quand celui-ci frappait son épouse. Moi, au contraire, je me sentais mal à l'aise. J'ai tout de suite compris que cette histoire, c'était la nôtre.

Plutôt que de regarder l'écran, je me suis mise à observer Rudy du coin de l'œil pour voir comment il réagissait, et il s'en est rendu compte. « En fait, quand tu regardes ce bâtard, c'est moi que tu vois à travers lui ! » s'est-il exclamé, dans un éclair de lucidité. J'ai répondu par l'affirmative, comment nier l'évidence ? Il est devenu hystérique, m'a reproché de lui manquer de respect et m'a rouée de coups. Le même scénario se déroulait en simultané, à l'écran et dans la pièce… Mais pas pour Rudy. Sa référence cinématographique à lui, c'était *Cinquante nuances de Grey*. Nous avions vu l'adaptation ensemble, il trouvait des analogies entre cette relation sadomaso et la nôtre. Je m'étais moquée de lui, cela l'avait vexé.

23.
La pseudo-confession

Après cette soirée télé, Rudy a repris l'initiative. Impossible pour lui de laisser sans réponse les insinuations de mon beau-père. Quelques jours plus tard, il les a donc invités, ma mère et lui, à prendre le café à mon domicile : il avait une « grande nouvelle » à leur annoncer. À leur arrivée, on s'est installés autour de la table de la salle à manger et Rudy m'a gentiment demandé d'aller préparer le café. Depuis la cuisine, j'entendais des bribes de conversation et voyais ma mère se décomposer, tournant de temps en temps la tête dans ma direction. De retour avec le plateau et les quatre tasses fumantes, j'ai découvert la teneur de leurs échanges. Rudy venait de leur avouer qu'il m'avait effectivement frappée – mais une seule fois – le jour où il avait appris de ma bouche que… je me prostituais.

Abasourdie, j'ai immédiatement nié, nié et nié encore cette accusation sans fondement. Mais Rudy persévérait. « Vas-y, avoue, dis-leur ce que tu m'as dit », insistait-il. Ma mère était en pleurs ; mon beau-père, lui, se taisait, le regard dans le vague. Ni l'un ni l'autre ne croyait mes dénégations : la révélation était tellement énorme qu'elle en devenait vraisemblable à leurs yeux. Pourquoi donc Rudy aurait-il inventé de toutes pièces une telle histoire ? « On en reparlera quand ils seront partis », répétait aussi Rudy, en me jetant des regards noirs. Une façon de bien me faire comprendre que j'avais tout intérêt à confirmer ses dires si je voulais échapper à ses poings.

De guerre lasse, souhaitant que ma mère débarrasse le plancher, j'ai fini par prononcer la phrase fatidique. « Oui, maman, je me prostitue », ai-je lâché du bout des lèvres. Elle est partie dans une crise d'angoisse, Rudy l'a prise dans ses bras pour la consoler. Promis, il prendrait soin de sa fille, lui a-t-il assuré. Elle est partie sans m'embrasser – tout comme mon beau-père – et je n'ai plus jamais évoqué, depuis ce jour, cette pseudo-confession avec elle. « Regarde le mal que tu fais autour de toi », m'a dit Rudy en conclusion de cet épisode mémorable. Décidément, il n'avait pas son pareil pour inverser les rôles. La cause du chagrin de ma mère, c'était moi. La cause de ses comportements violents, c'était moi aussi. Ce soir-là, sans surprise, j'ai pris une énième raclée.

Le cycle infernal a repris : visites intempestives, insultes et menaces, volées de coups, petits mots d'excuse, bouquets de fleurs. J'avais cru entrevoir la fin du tunnel, en décembre, j'étais à nouveau dans le noir complet. Sans solution. En cette période très sombre, j'ai pensé mettre fin à mes jours. Je me sentais brisée, anéantie et je savais pouvoir compter sur Nicolas et Jérôme pour élever Lana et Ambre. L'aurais-je fait ? Je n'en sais rien. Mais ce projet n'a pas fait que cheminer dans ma tête, je l'ai sérieusement préparé. En guise d'adieu, j'ai écrit des lettres à mes ex-maris et à mes deux filles – chacun la sienne –, que j'ai dissimulées derrière des cadres. J'ai aussi écrit à Rudy, pour lui dire tout le mal qu'il m'avait fait, dans l'espoir qu'il n'y ait pas d'autres victimes après moi. Comme je prenais des somnifères, j'ai calculé le nombre de cachets à avaler pour m'endormir paisiblement, et pour toujours. Je pesais désormais aux alentours de 40 kg, il n'en fallait pas beaucoup.

Le dernier week-end de février, mes filles sont allées voir leurs pères. Après leur départ, Rudy a tenté de m'embrasser dans le salon mais je l'ai fermement repoussé. Il était très insistant, je me suis débattue. Mes refus l'ont rendu complètement dingue : il s'est mis à me frapper avec une incroyable violence. Il m'a dit que si je refusais de coucher avec lui, c'était parce qu'il ne me payait pas. « Je veux que tu sois ma femme, pas ma pute », m'a-t-il hurlé au visage. Il m'a alors étranglée puis violée en m'obligeant à le regarder dans les yeux. « Pour que tu ne penses pas à quelqu'un d'autre », a-t-il pris soin de préciser. Sonnée, je suis restée prostrée des heures dans la chambre de mes filles. Rudy est venu s'excuser, je l'ai rembarré, en lui annonçant que j'allais porter plainte pour viol. Il a éclaté de rire, persuadé que je ne le ferais jamais. Puis les coups ont repris, dans la cuisine cette fois-ci. Il s'est mis à tout casser, à me mettre de force des photos dans la bouche pour que je les avale. Je me suis défendue, je lui ai mis un coup de genou dans le ventre et l'ai blessé à l'arcade sourcilière. Quand la lumière s'est allumée chez les voisins, il a filé.

24.
La lutte à mort

Le dimanche après-midi, avant l'heure de retour habituellement prévue, j'ai pris la voiture pour récupérer Lana chez Nicolas puis Ambre chez Jérôme. Ce dernier habitait toujours dans la maison HLM de sa mère, derrière le centre hospitalier de Valenciennes. Il a remarqué les traces de coups sur mon visage, mon cou, mes mains. Cela faisait des mois qu'il s'inquiétait de mon sort, mais qu'il se tenait à l'écart à ma demande. Cette fois-ci, il a insisté pour que je lui raconte ce que je vivais. J'ai acquiescé, je voulais vraiment me libérer de cette emprise et mettre mes filles en sécurité. Je lui ai alors suggéré d'aller discuter au restaurant KFC de Petite-Forêt, à dix minutes en voiture. Là-bas, il y avait des jeux, les filles pourraient s'amuser et nous laisser tranquilles.

Sur place, on a commandé des cafés puis on s'est assis près de la baie vitrée. Mon téléphone s'est alors mis à vibrer. C'était un message de Rudy qui disait : « *Ça va avec ton bâtard, bien le KFC ?* » Depuis le parking, il était en train de nous épier. Jérôme est sorti pour lui parler, je les ai ensuite rejoints, morte de trouille. La conversation, très tendue, n'a pas duré bien longtemps. Rudy avait du mal à se contenir. « Je te la rends, je l'ai déridée au lit. Grâce à moi, tu seras heureux », a-t-il balancé à mon ex-mari qui faisait rempart, avant de tourner les talons.

Le lendemain soir, Rudy est arrivé chez moi, vers 22 heures. J'avais couché les filles, j'étais en train de lire, une cigarette à la main, très angoissée. Par la fenêtre, j'ai reconnu son écharpe. Furieux que je me sois remis en ménage avec Jérôme – c'était faux ! –, il voulait des explications. Comme je refusais de lui ouvrir, il s'est mis à tambouriner, sonner, crier. « Ça va, maman ? » ai-je entendu Lana demander depuis le haut de l'escalier. Je lui ai répondu de ne pas s'inquiéter et j'ai entrouvert la porte pour que Rudy cesse de hurler. Il a cherché à forcer le passage mais je l'en ai empêché. Dans mon souvenir, c'était une sorte de lutte à mort entre deux personnes pleines de haine, prêtes à tout pour ne pas céder un centimètre de territoire. Sur le seuil, j'en ai pris plein la figure mais lui aussi : je l'ai griffé, frappé au visage, lui ai mis des coups de pied dans les jambes et le ventre. Dans cette mêlée indescriptible, j'ai réussi à le faire reculer de deux pas, ce qui m'a permis de refermer la porte et de la verrouiller. Ma main droite, tout ensanglantée, me faisait horriblement mal : il y avait des bouts d'os qui en sortaient au niveau du petit doigt. Il fallait que j'aille à l'hôpital. J'ai appelé ma mère pour lui dire que je m'étais blessée en faisant le ménage et que j'avais besoin qu'elle garde mes filles le lendemain.

J'avais à peine raccroché que la maison s'est mise à trembler. C'était Rudy qui revenait à la charge. Armé d'un tournevis, il avait réussi à soulever le volet roulant en PVC d'une des fenêtres du séjour. Il s'était hissé sur le rebord et essayait de forcer le battant que j'avais laissé entrouvert pour aérer la pièce quand je fumais. Malgré ma douleur à la main, j'ai réussi à le repousser et à refermer la fenêtre. Au travers de la vitre, je lui ai montré mon téléphone allumé, le menaçant de prévenir la police. Au fond de moi, je savais que cela ne servirait à rien. J'avais déjà fait le 17 à plusieurs reprises au cours des derniers mois. Au standard, on m'avait toujours poliment écoutée, puis éconduite, en m'expliquant que les équipes étaient déjà toutes en intervention. La figure en sang et la main bandée, j'ai passé la nuit à faire le guet, un couteau de cuisine à la main. Rudy avait certes déguerpi, mais il avait promis de me « crever » puis de « s'occuper » de mes filles…

De bon matin, je suis allée aux urgences de l'hôpital, où Jérôme m'a rejointe. J'avais une fracture ouverte, il a fallu m'opérer tout de suite pour poser des broches. Dans l'après-midi, ma petite sœur est venue me rendre visite. J'ai bien tenté de lui raconter, à elle aussi, que j'avais glissé sur le carrelage mouillé, mais mon explication ne tenait pas la route. Je lui ai donc raconté l'enfer que je vivais mais seulement dans les grandes lignes, elle n'avait que 20 ans. Elle a alors proposé d'emménager chez moi avec son copain. C'était une bonne idée, ils pourraient ainsi mener leur petite vie de couple et moi, je me sentirais davantage en sécurité avec mes deux filles. Le jour même, ils ont pris possession de ma chambre, à l'étage. Cela ne me gênait en rien, j'avais pris l'habitude depuis des mois de dormir sur un matelas dans le salon, pour surveiller porte et fenêtres.

Deux jours plus tard, ma mère m'a accompagnée au commissariat pour porter plainte. Cette fois-ci, j'avais bon espoir de me faire enfin entendre. Et pour cause : j'avais dans mon sac à main un certificat médical signé de mon médecin, attestant ma blessure et estimant à quatre semaines mon incapacité totale de travail. Pour la énième fois, j'ai décliné mon identité à l'accueil, précisé l'objet de ma visite et attendu, sagement, qu'on veuille bien me recevoir dans la grande salle d'attente de l'entrée. Cette fois-ci, c'est un homme qui est venu me chercher dans le hall, pour me faire entrer dans le même bureau partagé du rez-de-chaussée. Après m'avoir écoutée brièvement relater les faits, le policier m'a interrompue. « Madame, c'est votre conjoint qui devrait porter plainte, pas vous », m'a-t-il expliqué. À l'entendre, j'étais certes blessée, mais à cause des coups que j'avais assénés, pas de ceux que j'avais reçus. C'était grotesque, j'en suis restée sans voix.

25.
Le calme plat

Pendant les jours qui ont suivi, Rudy a fait profil bas. Il a déposé des fleurs sur les marches devant l'entrée de ma maison. Comme je ne répondais pas à ses appels téléphoniques, il m'a laissé des messages sur mon répondeur et m'a envoyé des SMS. Il a aussi tourné plus d'une fois autour de mon domicile, au volant de sa voiture, fenêtre baissée. Il mettait la musique à fond, avec les morceaux de ma playlist que nous écoutions au début de notre relation, lorsque je décorais la chambre de ses fils. De loin, je l'ai croisé aussi quelques fois dans la rue, il me faisait signe mais il ne tentait rien. Pas de menaces, pas d'insultes, pas de visites intempestives... Cette période d'accalmie n'empêchait pas la survenue d'actes inamicaux. Des inconnus jetaient des cailloux sur la porte ou les volets de mon logement. Mes pneus de voiture étaient aussi régulièrement crevés, ce qui m'a coûté une fortune en réparations.

Rudy a eu beau me laisser à peu près tranquille, je demeurais dans l'angoisse. Je n'avais plus à l'affronter, mais il restait dans ma tête en permanence. Comment croire que ce monstre allait enfin me laisser tranquille ? Dans mon esprit, il ne faisait aucun doute que les violences allaient repartir de plus belle : aujourd'hui, demain ou la semaine prochaine… Rudy était le maître des horloges, et moi son jouet. Je suis donc restée aux aguets, dans l'attente de son retour. De peur de le voir surgir, j'ai mis au point des stratagèmes. J'ai, par exemple, limité au maximum les sorties. Ma petite sœur et son amoureux emmenaient ainsi Lana à l'école à ma place pendant que je restais barricadée avec Ambre. J'ai aussi décidé de ne plus sortir de la voiture lorsque nous faisions les courses. C'est moi qui conduisais, de ma seule main gauche, mais je laissais les deux tourtereaux acheter ce dont notre petite famille avait besoin. Je pouvais aussi compter sur Jérôme, qui venait dès qu'il pouvait à la maison, n'hésitant pas à marcher pendant des kilomètres depuis Valenciennes.

En ce printemps naissant, je faisais peine à voir. Au fil des jours, les traces de coups se sont estompées, mais les trous dans la chevelure ont mis beaucoup plus longtemps à disparaître. Sans parler de ma maigreur cadavérique : sur la balance, je pesais 37 kg, moitié moins que dix mois plus tôt. Sur le plan psychique, ce n'était pas plus brillant. Dans la maison, tel un suricate, je sursautais au moindre bruit venant de l'extérieur. J'ai aussi développé un syndrome post-traumatique, qui m'a pourri la vie pendant plusieurs années. Le soir, avant le coucher, je me devais de vérifier la fermeture de toutes les portes et fenêtres, sans exception. Je passais de pièce en pièce et touchais les poignées, les clés, les unes après les autres. Rassurée, je pouvais alors me glisser sous la couette. Juste quelques secondes, le temps d'être prise d'un doute : « Tu es sûre que tu as bien vérifié ? » Je me relevais alors et recommençais mon manège, parfois plusieurs fois.

La présence de Rudy s'est fait aussi sentir à travers son réseau relationnel. Il avait dans le quartier tout un tas de copains, de clients et connaissances, qu'il avait mis à contribution au fil des mois pour me surveiller. Dans les premières semaines, j'ai été suivie en permanence par ses copains, dans une voiture bleue. Il m'est arrivé aussi de recevoir des insultes. Je marchais tête basse, en fixant mes pieds, pour ne pas croiser les regards. J'ai aussi pris l'habitude de ne pas passer dans telle rue, ou devant telle maison, parce que je savais que telle ou telle personne y habitait. Mes proches, aussi, ont subi ces désagréments. Mon ex-mari Jérôme s'est ainsi fait suivre sur un kilomètre, entre mon domicile et l'arrêt du tramway. C'était d'autant plus stressant pour lui qu'à l'automne, il avait été victime d'une agression. Trois individus l'avaient frappé avec une barre de fer, en lui ordonnant d'arrêter de me fréquenter. Ils l'avaient menacé, sinon, de me violer et de diffuser la vidéo sur les réseaux sociaux.

Avec Jérôme, nous avions retrouvé une vraie complicité. Il venait me voir à pied depuis Valenciennes, en suivant les rails du tramway. Il passait beaucoup de temps chez moi, nous discutions pendant des heures sans voir le temps passer. On allait aussi se promener au parc, avec les filles, pour prendre l'air. Mais il n'y avait pas d'ambiguïté dans notre relation : nous avions acté notre divorce à l'automne, certes un peu malgré nous, il n'était pas question de nous remettre en couple. Vu mon état physique et psychique, j'étais de toute façon bien incapable d'avoir un homme dans ma vie ! À cette époque, j'ai aussi repris contact avec certaines de mes relations, dont mon vieil ami Nick. Il se souciait de moi depuis ce jour de février où, venu prendre le café à mon domicile, il avait dû affronter la colère de Rudy qui le soupçonnait d'être mon amant.

Mes angoisses ont duré des semaines, des mois même. Il n'empêche, Rudy ne se montrait plus, il avait même disparu. Toujours sur mes gardes, je n'ai pas mené l'enquête pour savoir ce qu'il fabriquait. Tessa aurait certainement pu me renseigner, mais je ne me voyais pas bien aller frapper à sa porte! Au début, je l'ai d'ailleurs cru de nouveau chez elle. Un écriteau « à louer » avait été placardé sur la façade de son ancien studio, il fallait bien qu'il loge quelque part.

Des signes de son existence, j'en ai reçu quand même par ma banque. Rudy a continué d'utiliser mon compte pour des achats en ligne, je me suis retrouvée à découvert. Il a essayé aussi de souscrire des crédits à la consommation en usurpant mon identité. Je n'ai d'ailleurs pas été la seule à avoir ce genre de problème: Rudy avait contracté des dettes auprès d'une multitude de personnes. Un jour, j'ai ainsi reçu la visite surprise de mon ex-collègue, Isabelle, celle qui m'avait fait rencontrer Rudy. Elle voulait que je l'aide à récupérer sa voiture, qu'il lui avait « empruntée ». Je dois dire que je n'ai pas fait preuve de beaucoup d'empathie à son égard.

26.
La visite inattendue

Début juin, on a fêté avec Jérôme les deux ans d'Ambre, qui commençait à bien s'exprimer. Puis Lana a terminé son CP, elle adorait lire. Débarrassées de leurs poux, mes deux filles étaient de nouveau en pleine forme. Moi aussi, j'ai repris goût à la vie. Cet été-là, j'ai pu partir en vacances, ce qui ne m'était pas arrivé depuis très longtemps. Mon meilleur ami, Neko, m'a hébergée dans sa jolie maison du côté du lac d'Annecy. Une première fois avec ma fille Ambre, ma sœur et son chéri. Puis une seconde fois toute seule. J'ai alors profité de la voiture d'un de ses amis du Nord, qui faisait le trajet de nuit avec ses deux filles. On a fait connaissance sur la route, c'était le meilleur voyage de ma vie. Je me revois jouer dans les jeux d'enfants sur une aire d'autoroute et rire comme une gamine. Je revivais, enfin.

En mon absence, Jérôme s'est installé chez moi. Ça lui permettait de s'éloigner temporairement de sa mère et de profiter du jardin avec Ambre. À mon retour, une surprise m'attendait : il avait repeint le salon, la cuisine et les chambres en utilisant les couleurs que j'avais choisies au préalable. Un sacré cadeau, je manquais de force pour me lancer dans un tel chantier. Cette maison, je voulais en refaire complètement la décoration. Tout changer pour effacer les traces du passé et de Rudy. Dans mon entourage, on m'avait bien suggéré de déménager pour tourner la page. Mais il n'en était pas question, je voyais cela comme une défaite, une fuite. Moi, je voulais vivre ici, avec mes deux filles. Et y être heureuse.

À la fin du mois d'août, une petite brune que je connaissais fort bien est venue frapper à ma porte. C'était Tessa. « Je peux entrer ? » a-t-elle demandé depuis le haut des deux marches. « Non », lui ai-je répondu. Je crois que c'était la première fois de ma vie que je me comportais de la sorte. Mais j'avais quand même de bonnes raisons de ne pas l'accueillir les bras ouverts. Lors de ma séquestration, Tessa m'avait certes permis de fuir. Elle avait aussi fait preuve d'une certaine solidarité, notamment en me tenant la main lors des rapports sexuels à trois que Rudy nous imposait. Mais pendant cette horrible période, elle avait aussi été largement complice de son homme. Et depuis, elle n'avait cessé – avec ses copines – de me rendre la vie impossible, à coups d'insultes, de menaces, de crachats. Un jour, elle avait même envoyé à Rudy une photo de moi prise devant le commissariat de police lors d'une de mes innombrables tentatives pour porter plainte.

Malgré mon refus de la faire entrer, Tessa ne s'est pas démontée. Depuis le pas de la porte, elle m'a fait savoir qu'elle avait besoin de mes conseils. Intriguée, je l'ai laissée dérouler son histoire.

J'ai alors appris que Rudy avait quitté la région au mois de juin pour vivre en Savoie, à la frontière italienne, du côté de Modane. Il y avait rencontré une femme chez qui il avait emménagé avec leurs quatre enfants. Un temps sur place, Tessa avait voulu rentrer à Denain avec toute la petite troupe, mais Rudy s'y était opposé, arguant qu'il voulait refaire sa vie là-bas avec eux. Résultat, Tessa avait pris seule le train du retour, avec la promesse que Melyssa, Anthony, Grayson et Tyler rentreraient pour la rentrée scolaire. Sauf que Rudy refusait désormais de s'en séparer, il voulait en avoir la garde. Elle avait beau raconter son histoire à moitié en pleurs, je n'arrivais pas à la prendre dans mes bras pour la consoler. Ce qui ne me ressemblait pas du tout, moi la soignante dans l'âme.

Devant son désarroi, je me suis quand même laissé attendrir. En tant que mère, j'avais de la peine pour elle, ainsi que pour ses enfants, à nouveau brinquebalés. Je lui ai donc proposé de l'accompagner au commissariat de police pour qu'elle raconte son histoire. Ça ne manquait pas de sel : lorsque j'avais moi-même essayé de porter plainte contre Rudy, je n'avais jamais pu compter sur elle pour corroborer mes déclarations. Bien au contraire, elle avait même une fois donné un faux alibi à son époux pour le sortir d'affaire.

Tessa a accepté ma suggestion, nous sommes parties toutes les deux – l'ex-épouse et l'ex-maîtresse – rendre visite aux forces de l'ordre. Je suis restée dans le hall d'accueil pendant que Tessa était reçue dans le fameux bureau partagé. Il n'en est pas ressorti grand-chose sinon une main courante : il fallait patienter, cela faisait à peine une semaine que les enfants étaient censés rentrer.

27.
Les plaintes

Le lendemain, Tessa est revenue chez moi. Cette fois-ci, j'ai accepté de la faire entrer, nous avons bu un café. À vrai dire, ses problèmes ne m'intéressaient pas plus que ça, je n'avais pas l'intention de m'en mêler. D'une certaine façon, savoir Rudy à des centaines de kilomètres suffisait à mon bonheur.

Par curiosité, je lui ai quand même demandé des détails sur les conditions de son départ. J'ai ainsi appris que Rudy avait d'abord pris le large pour se faire oublier. « Elle va réussir à me faire mettre en prison, cette conne », avait-il dit à Tessa en parlant de moi. Depuis le mois d'avril, il s'était baladé à droite et à gauche, notamment dans le Sud, au gré de ses conquêtes amoureuses. Tessa a d'abord évoqué une première femme, maman d'une petite fille et divorcée, puis une seconde, et enfin cette Séverine, avec laquelle il habitait dans la vallée de la

Maurienne. Une soignante, mère de deux jeunes filles de six et deux ans, un peu paumée. Il avait fait sa rencontre lors d'une séance de tatouage et s'était très vite mis en ménage avec elle. Les similitudes entre cette histoire et la mienne s'avéraient troublantes, cela m'a servi de déclic. Rudy était en train d'utiliser le même stratagème pour entrer dans sa vie. Cette femme se trouvait sans doute en danger, il fallait que cela cesse !

J'ai alors proposé à Tessa de l'accompagner une seconde fois au commissariat. Mais cette fois-ci, il ne fallait pas qu'elle parle uniquement de la garde de ses enfants, elle devait évoquer tout le reste : les violences physiques, les rapports sexuels forcés. Moi, je l'attendrais dans le hall et, en cas de besoin, pourrais confirmer ses dires aux policiers.

C'était bizarre pour moi de faire une telle proposition à Tessa. Ses relations avec Rudy s'avéraient différentes des miennes. Certes, elle subissait aussi ses violences physiques et sexuelles. Mais, depuis leur rencontre douze ans auparavant, elle s'était toujours démenée pour ramener son homme à la maison quand une rivale faisait son apparition. Dans mon esprit, elle se trouvait sous l'emprise de Rudy bien davantage que moi qui ne cherchais qu'à le fuir. D'ailleurs, lorsque je prenais des coups, je me répétais sans cesse dans ma tête « je ne veux pas finir comme Tessa, je ne veux pas finir comme Tessa ». Au fil des mois, cette petite chanson intérieure m'avait aidée à tenir, j'avais fait de son épouse un contre-modèle absolu. Quand Rudy hurlait « reste à ta place », je gardais au fond des yeux quelque chose qui disait « je ne suis pas ta chose, tu ne feras pas de moi ton esclave ». Ce regard de défi le rendait fou, il le faisait redoubler de violence.

Tessa n'a pas réfléchi bien longtemps. Pour récupérer ses enfants, elle était prête à tout. Le vendredi 28 août, en début d'après-midi, nous avons donc repris, elle et moi, la direction du commissariat de police. Cette fois-ci, sa demande a dû paraître plus convaincante, car on l'a fait monter dans les étages, dans un autre service. Je suis restée en bas, dans le hall, pendant une bonne heure, à voir défiler les gens dans le grand bâtiment. Je n'ai pas eu accès au procès-verbal de son audition, mais d'après ce que j'en ai compris, ses explications n'étaient pas très claires, elle se montrait un peu confuse. Elle portait des accusations à l'encontre de Rudy sur lesquelles elle revenait en partie, comme si elle cherchait à minorer les faits. Au bout d'un moment, elle a eu la bonne idée de dire aux deux policiers qui l'interrogeaient : « Si vous voulez, l'autre dame attend en bas, vous pouvez la faire venir. » L'un des deux officiers, à l'allure de gros nounours, est parti à ma recherche. Je l'ai vu s'approcher de moi : « Excusez-moi, madame, on peut se voir deux minutes ? »

On a pris les escaliers – une grande première pour moi – et on est entrés dans un grand bureau. Tessa venait de déposer plainte pour viol et violences conjugales, les deux policiers voulaient me poser des questions après son départ. Enfin, on me donnait la parole ! Je ne me suis pas privée de la prendre, je rêvais de ce moment depuis tellement longtemps… J'ai parlé, parlé et parlé encore pour raconter mes seize mois d'enfer. L'audition a duré plus de quatre heures, mais je n'ai pas vu le temps passer. Vers 21 heures, on m'a fait relire le procès-verbal, qui tenait sur onze pages. Dans les dernières lignes, il y avait cette phrase : « Aujourd'hui, je dépose plainte contre M. Rudy S., pour les faits de violences conjugales et pour les faits de viol. » Je l'ai signé sans l'ombre d'une hésitation. « Avec Madame B., on a eu un peu de mal à accrocher. Mais vous, on sent tout de suite que vous nous dites la vérité », a lâché l'un des deux policiers en me raccompagnant à la porte.

Dehors, la nuit tombait. J'ai allumé une cigarette, j'en mourais d'envie depuis des heures. Je suis rentrée à pied, par le chemin que je prenais autrefois – il y a une éternité ! – pour revenir de mon travail au centre hospitalier. Jérôme m'attendait à la maison, il avait gardé les filles toute l'après-midi. Il était à la fois ravi de mes démarches, mais aussi inquiet. Rudy avait déguerpi, était-ce donc une bonne idée de lui chercher des noises maintenant ? Cette nuit-là, cette question m'a travaillée, je me suis demandé s'il fallait continuer ou tout arrêter. Au petit matin, l'hésitation avait disparu : j'étais convaincue qu'il fallait aller au bout de la procédure. Non par esprit de vengeance, mais pour l'empêcher de récidiver avec d'autres femmes. Pour étayer mon témoignage initial, j'ai suivi le conseil de Jérôme et sorti un stylo et du papier. J'ai passé des heures à coucher par écrit mon histoire. Il s'agissait pour moi de revenir en détail sur ce qui m'était arrivé, sans rien oublier et dans le bon ordre.

Ce texte de 19 pages, j'en ai encore une copie en ma possession. Il m'est impossible de le reproduire ici en entier, mais il y a des passages qui en disent long sur l'état dans lequel j'étais alors. En voici un premier, dans lequel j'évoquais le début de ma relation avec Rudy, avant la séquestration du mois de juillet 2014.

> Je ne sors pas seule sans lui, il veut que je laisse les filles aux pères, je refuse mais il prend souvent contact avec eux sans me le dire, je le vois quand ils arrivent, il sort et moi je suis à l'intérieur et je ne

> dis rien, au fond, c'est mieux, elles ne voient et ne sentent rien de tout ce qu'il se passe. Rudy continue à me rabaisser, à me comparer à Tessa. Il déteste Jérôme particulièrement, il déteste mon passé, ce que je suis. Je veux le quitter à de nombreuses reprises, je n'ai pas la force d'aller jusqu'au bout de mon désir par peur de l'affronter, par peur des représailles.

Quelques pages plus loin, je racontais les sentiments qui m'habitaient lors de ma captivité à son domicile.

> Je ne veux plus lui plaire, je veux partir, partir sans revenir, oublier, tout oublier, mais impossible, j'ai beaucoup trop peur, je ne suis plus moi, plus de sourire, mon surnom d'enfance a disparu, « Ninie » a laissé place à « la grosse pute de ses morts », la douceur a laissé place à la douleur, à la peur. Je hais cette vie, je me déteste aussi, c'est ma faute, tout est ma faute, c'était mon choix, c'est moi qui ai succombé face à Rudy, c'est moi qui ai quitté mon mari, j'ai tout perdu, ma fierté, ma dignité, mon travail.

Enfin, dans le dernier paragraphe de ce long témoignage, je parlais de tout le mal que Rudy m'avait fait.

Il est vicieux, sournois, malin, diabolique dans ses colères. J'ai tout quitté sans réfléchir, en pensant vivre une autre vie, plus gaie, différente. La seule promesse qu'il aura tenue, c'est « tu ne pourras jamais m'oublier, je te marquerai à vie ». Oui, c'est tellement vrai, il est encore là, partout où je vais, il m'a fallu des mois avant de sortir même jusqu'à l'école, c'est ma famille qui se relaie pour amener Lana et pour les courses. Je reste dans la maison, volets fermés la nuit, debout aux fenêtres attendant qu'il arrive pour encore tout casser, m'insulter. Je le vois la nuit, dans le noir, je vois ses yeux qui brillent de colère, je sens encore ses mains autour de mon cou la nuit, je sens encore sa colère qui m'envahit et me paralyse. Il est là, il n'est jamais loin.

Pendant le week-end, Tessa a raconté à sa fille aînée Jennyfer, âgée de 16 ans, les démarches judiciaires dans lesquelles elle venait de s'engager. Dans la conversation, celle-ci a alors découvert que sa mère avait subi des viols conjugaux. Ces révélations l'ont incitée à rompre le silence : elle aussi avait été victime de nombreux viols et agressions sexuelles de la part de Rudy, dès l'âge de six ans quand elle vivait en foyer. Jusque-là, elle n'avait jamais osé en parler ouvertement, sinon à son petit copain. Mais la crainte que son beau-père s'en prenne à sa demi-sœur, retenue à des centaines de kilomètres, la poussait à révéler ces horreurs. Le lundi matin, jour de rentrée scolaire, Tessa est retournée au commissariat avec Jennyfer. Après deux heures d'audition, Tessa a déposé plainte contre Rudy pour « les faits de viols et d'agression sexuelle », au nom de sa fille mineure.

Après ces trois plaintes, la grande machine judiciaire s'est mise en route. Le 1er septembre, Jennyfer, Tessa et moi-même avons dû nous soumettre à un examen médical au sein de l'unité médico-judiciaire du centre hospitalier de Valenciennes. Il s'agissait de relever toutes les blessures corporelles visibles en lien avec les violences physiques et sexuelles subies. Pour cet examen, Jérôme m'a accompagnée, il a dû patienter dans la petite salle d'attente toute froide. J'ai le souvenir d'un moment pas agréable du tout, une sorte de visite à la fois chez le gynéco et le proctologue. Le médecin légiste a fait normalement son travail, mais il y avait quelque chose d'assez humiliant dans cet examen. Je m'en suis cependant vite remise, c'était pour la bonne cause ! En parallèle, les policiers ont procédé à de nombreuses auditions. Ma mère, mon frère, ma belle-sœur, ma sœur et son copain, mon premier mari… La plupart de mes proches ont été entendus par les enquêteurs, de même que ceux de Tessa. Ils cherchaient à vérifier nos dires et à confirmer les faits que nous dénoncions.

Le 3 septembre, à ma demande, j'ai été auditionnée une seconde fois par le brigadier-chef qui avait recueilli ma plainte la semaine précédente. Il s'appelait Olivier D., le courant était très bien passé entre nous. Je voulais le revoir pour compléter mon témoignage initial et lui remettre le texte de 19 pages que j'avais rédigé, ainsi qu'une dizaine de lettres de Rudy dans lesquelles il exprimait des regrets pour ses coups. L'enquêteur a tout de suite accepté. Le lendemain après-midi, nous avons donc repris nos échanges. L'audition a duré quatre heures, interrompue seulement par quelques pauses cigarette. Pendant celles-ci, j'ai pu discuter avec d'autres agents. C'était curieux d'être prise au sérieux par des gens qui, quelques mois plus tôt, refusaient de m'écouter. J'ai d'ailleurs mentionné au policier ces multiples visites infructueuses. Il en était désolé, il a par la suite vérifié dans les registres toutes les dates de mes passages. Vers 21 heures, j'ai signé le second procès-verbal. Olivier D. m'a offert une petite chouette en tissu accrochée à un porte-clés, qui se trouvait sur son bureau. « Gardez-la, ça vous donnera la force d'avancer. »

Dans les jours qui ont suivi, j'ai aussi dû répondre aux questions d'une psychologue experte auprès des tribunaux. Son cabinet se trouvait à Douai, dans une avenue assez chic bordée de grands arbres. Jérôme est venu avec moi, il a passé une bonne partie de la journée dans la voiture. Pour ma part, la psy m'a reçue dans sa véranda. Je me vois encore raconter ma vie à cette dame aux cheveux grisonnants, depuis mon enfance jusqu'à ma relation avec Rudy. Les conclusions de son rapport, remis quelques semaines plus tard à la juge d'instruction ? J'avais été « parasitée par un sentiment de culpabilité, celui de s'être inscrite dans un couple avec un homme ne partageant aucune valeur commune ». Et d'ajouter : « Au-delà de la volonté d'être reconnue en tant que femme, là où Madame Bel a voulu connaître une relation soignante-soigné, elle a été confrontée à une relation dominant-dominé. »

28.
Le piège

Pleine d'espoir, je me suis dit que cette fois-ci, Rudy n'allait pas passer entre les mailles du filet. Il avait beau avoir fui Denain, il avait contre lui trois femmes, dont une mineure, qui l'accusaient de viols. Confiante, je suis retournée à ma petite vie ordinaire. Il fallait notamment que je m'occupe de Lana, désormais en CE1. Elle avait fait sa rentrée dans un nouvel établissement. Fini les regards mauvais et les messes basses devant la grille de l'école du quartier ! Ce changement de trajet n'a pas suffi à faire disparaître mes peurs, mais il a quand même contribué à me simplifier la vie et à faire baisser un peu la tension. Sur le plan personnel, je commençais d'ailleurs à reprendre du poil de la bête en cette rentrée. Sur la balance du médecin légiste, je pesais désormais 60 kg. C'était quand même le signe que j'avais retrouvé l'appétit, et que mon corps recouvrait la santé.

Au bout d'une quinzaine de jours sans nouvelles du commissariat, je me suis un peu inquiétée. C'était quand même bizarre qu'il ne se passe rien. Tessa n'avait pas le moral du tout, ses quatre enfants n'étaient pas revenus de Savoie, les trois aînés avaient raté la rentrée scolaire. Je suis donc retournée au commissariat pour discuter avec Olivier D. Un peu désolé, il m'a alors appris que l'affaire n'était pas si bien engagée. Mis au courant des démarches de Tessa pour récupérer ses enfants, Rudy s'était lui-même rendu à la gendarmerie de Modane pour porter plainte. Il accusait sa femme de maltraitance à leur égard et en réclamait lui aussi la garde. Sur ce plan-là, la procédure risquait donc de prendre du temps. Sur l'autre volet, celui des viols et violences, il était nécessaire de placer Rudy en garde à vue pour faire avancer l'enquête. Mais vu la durée possible de celle-ci, 48 heures maximum, il fallait l'auditionner à Denain, pas à Modane. « Il faudrait qu'il remonte ici de lui-même », m'a fait savoir Olivier D.. Je suis repartie très en colère, en bougonnant et en râlant contre la terre entière. Plutôt que de rentrer directement, je suis montée sur le terril de la fosse Renard pour me calmer et réfléchir.

Le lendemain, j'ai soumis une idée au policier. Pourquoi ne pas faire croire à Rudy que sa présence était nécessaire à Denain le temps d'une confrontation avec Tessa à propos de la garde de leurs enfants ? Olivier D. en a parlé à sa hiérarchie, qui a acquiescé. Puis il a pris contact avec Rudy pour lui faire part de cette demande. Hélas, il n'est pas parvenu à le convaincre de faire le déplacement. Il fallait affiner la stratégie pour le faire fléchir. J'ai alors pris le temps de la réflexion et suis revenue avec une nouvelle proposition. « Et si c'était moi qui envoyais un message à Rudy ? » ai-je alors suggéré. Un message dans lequel je lui expliquerais que la police m'avait convoquée pour m'entendre sur le comportement visiblement problématique de Tessa avec ses enfants… Olivier D. a soumis ma proposition, on lui a donné le feu vert, à condition que les échanges soient uniquement écrits et que je les transfère au fur et à mesure. Me voilà donc devenue agent double !

Le premier SMS, je l'ai rédigé depuis le commissariat. Je me rappelle l'avoir écrit, effacé, réécrit, comme une gamine de 15 ans s'adressant à son amoureux. À peine l'avais-je envoyé que mon téléphone a sonné. C'était Rudy, il avait mordu à l'appât. On a échangé des dizaines de SMS, d'abord pour renouer contact. Il se montrait gentil, me disant qu'il était content d'avoir de mes nouvelles, etc. Je jouais la fille blessée, celle qui n'avait pas oublié son comportement violent et qui ne savait pas trop quoi répondre à la police à propos des enfants et de Tessa. Il m'a refait tout son blabla, s'excusant pour les coups, me disant que j'étais une « femme en or ». J'ai fait semblant d'être prête à lui pardonner. « Je suis convoquée le 22, je risque de dire des bêtises et toi, tu n'es pas là pour m'aider », ai-je fini par lui écrire. Il est tombé dans le piège en me répondant que lui aussi avait été convoqué, qu'il allait venir avec moi pour qu'on tienne le même discours sur Tessa.

« Mais qu'est-ce qu'il est con ! » a rigolé Olivier D. quand je lui ai montré notre correspondance. Il avait du mal à croire que Rudy soit tombé si facilement dans le panneau. Comment pouvait-il penser que j'allais le soutenir dans ses démarches après tout ce qu'il m'avait fait endurer ? Il n'empêche, Rudy a acheté son billet de train pour Valenciennes. Il devait ensuite prendre le tramway jusqu'à Denain puis on se retrouverait dans un café pour discuter. Il était tout content qu'on se revoie, je lui ai dit que ça me faisait très plaisir aussi qu'on passe du temps ensemble. J'ai prévenu le commissariat de son heure d'arrivée, dans l'après-midi, pour que les agents puissent préparer son interpellation. Olivier D. m'avait donné son numéro de téléphone personnel pour que je puisse le joindre à tout moment en cas de besoin.

La veille au soir du jour fatidique, j'étais hyper excitée mais aussi très angoissée. J'ai très mal dormi, j'avais peur que Rudy ne vienne pas ou que rien ne se passe comme prévu. Mais non ! À sa descente du train, Rudy m'a appelée. Je lui ai dit que j'étais finalement déjà à l'accueil du commissariat car on m'avait demandé d'arriver en avance pour le rendez-vous. Curieusement, cela ne l'a pas inquiété, il m'a dit qu'il me retrouvait directement là-bas. Mon cœur battait la chamade, j'avais l'impression de jouer dans un film policier.

Vers 17 heures, Rudy est entré dans le commissariat, avec son petit sac, son blouson plat en faux cuir et son pull rayé. Il m'a aperçue – j'avais un pantalon noir et des talons – et s'est approché de moi, le visage radieux. Je l'ai regardé et lui ai rendu son sourire. À cet instant, plusieurs policiers ont surgi dans le hall, l'ont entouré et lui ont passé les menottes. Direction le premier étage. En bas des escaliers, il s'est retourné vers moi. Son beau sourire avait disparu, il me regardait de ses yeux noirs pleins de haine. Dans ma tête tournaient en boucle les phrases qu'il aimait prononcer : « tu ne porteras jamais plainte », « tu n'es pas assez forte », « tu n'es qu'une merde ». Et pourtant ! On était le 22 septembre, la garde à vue de Rudy commençait.

Le lendemain après-midi, j'ai été convoquée au commissariat, tout comme Tessa. Les policiers voulaient organiser des confrontations avec Rudy pour entendre sa version des faits et les nôtres. J'ai patienté longtemps dans le hall, le temps que son ex-femme soit entendue avant moi. Puis j'ai pu, à mon tour, entrer dans le bureau, vers 18 heures. La pièce était petite, il a fallu que je frôle Rudy pour m'asseoir dans le fond, près de la fenêtre, à côté des deux policiers. Cela me faisait vraiment bizarre de me retrouver face à lui, menotté, avec son air de chien battu. Son avocat m'a scrutée de la tête aux pieds, longuement, avec un air de reproche, c'était très désagréable. Pendant une heure et demie, on est revenus sur les faits. Rudy a menti pour essayer d'atténuer sa responsabilité. À demi-mot, il a reconnu qu'il était impulsif et pouvait porter des coups. Il a admis, aussi, m'avoir forcée – une seule fois – lors d'un rapport sexuel. Je me rappelle encore les mots qu'il a utilisés : « Elle m'a demandé d'arrêter mais j'avais pas envie, j'étais bien dedans. » Quelle classe !

Ses dénégations m'étaient insupportables. À plusieurs occasions, je me suis adressée directement à lui, en le regardant dans les yeux. Les policiers m'avaient pourtant demandé de ne pas le faire, il fallait passer par leur intermédiaire. Mais c'était plus fort que moi. Je voulais affronter Rudy, lui montrer que je n'avais pas peur. Cette attitude combative a déplu à son avocat. Il a essayé d'instiller le doute dans la tête des officiers de police judiciaire, en soulignant que mon comportement ne correspondait pas à celui d'une victime. Chaque fois, je l'ai rembarré d'un ton moqueur. Je voulais que Rudy avoue tout, et tout de suite. J'avais peur qu'il soit libéré faute de preuves. Sa colère serait alors terrible... Lorsque j'ai signé le procès-verbal, je n'étais pas très confiante. Mais j'avais tort. Le lendemain, à l'issue de sa garde à vue, Rudy a été déféré au parquet de Douai puis placé en détention provisoire à la maison d'arrêt de Valenciennes.

29.
L'instruction

Savoir Rudy derrière les barreaux a constitué un vrai soulagement. Il était, provisoirement tout au moins, hors d'état de nuire. Mais la peur n'a pas disparu soudainement, par enchantement. Dans le quartier, la nouvelle de sa mise en détention provisoire s'est propagée très vite. Je craignais les représailles de ses proches. Rudy avait menacé à de nombreuses reprises de faire intervenir ses potes pour me tabasser ou me violer. Je l'en croyais capable, je suis restée sur mes gardes. Ce n'était d'ailleurs pas tellement un choix de ma part. J'avais beau essayer de me raisonner, j'avais beaucoup de mal à retrouver un comportement normal. J'ai ainsi dû réapprendre à lever les yeux, à regarder les gens, à sourire à des inconnus. Il m'a fallu aussi de très longs mois pour renoncer à dormir avec un couteau de cuisine sous l'oreiller.

Pendant toute la fin de l'année 2015, et la première moitié de l'année 2016, l'enquête a suivi son cours. Évidemment, les policiers ne me tenaient pas au courant de leurs investigations. Mais j'en avais des échos régulièrement, par le biais de mes proches. En octobre, les enquêteurs se sont ainsi intéressés aux causes de l'incendie de ma maison, juste après ma séquestration. Ma fille Lana a été entendue, de même que son père et mon frère. Début décembre, j'ai également eu la visite à mon domicile d'Olivier D. et deux de ses collègues, qui voulaient prendre des photos de l'extérieur et de l'intérieur de mon habitation. Les trois policiers sortaient de chez Tessa, où ils avaient procédé aux mêmes démarches, dans la maudite maison où j'avais été retenue au mois de juillet précédent. Toute fin décembre, ce sont les enfants de Tessa qui ont à leur tour été interrogés au commissariat de Denain. Ils avaient pu rentrer de Savoie après l'incarcération de leur père, mais ils étaient depuis placés dans des familles d'accueil dans les environs.

Preuve que j'avais retrouvé des forces, j'ai repris un travail au début de l'année 2016. Lors de mes recherches, je n'avais pas eu le courage de frapper à nouveau à la porte du centre hospitalier de Denain. Mon histoire était encore trop douloureuse, et je n'étais pas très sûre d'avoir laissé un excellent souvenir dix-huit mois plus tôt, lorsque mon soi-disant compagnon proférait des menaces et des insultes à tout-va dans le service. Comme j'avais pris beaucoup de plaisir à m'occuper de personnes âgées, j'ai choisi de rester dans ce secteur. Mon nouvel employeur ? Un Ehpad. L'établissement était idéalement situé, à deux kilomètres de chez moi, plein ouest, à l'exact opposé du quartier où vivaient Rudy, Tessa et toute leur bande. Ce travail m'a fait un bien fou. Je retrouvais une utilité sociale, des collègues, des horaires de travail, un salaire.

Le 16 mars, la juge aux affaires familiales du tribunal de grande instance de Valenciennes a « dissous » le mariage que Jérôme et moi avions célébré à la fin de l'année 2012. Le jugement, que nous attendions depuis des mois, arrivait dans un moment un peu curieux. Jérôme et moi avions en effet retrouvé toute la complicité perdue à la naissance d'Ambre et l'homme à l'origine de cette rupture était enfermé derrière des barreaux, à deux kilomètres du tribunal, sur l'autre rive de l'Escaut. Lors de notre passage devant la juge, à l'automne précédent, ni Jérôme ni moi n'avions d'ailleurs vraiment envie de cette rupture. Je me souviens de ce petit bureau dans lequel la juge nous a demandé, plusieurs fois, si nous étions vraiment sûrs de notre décision. « Dans vos regards, je vois tellement d'amour », nous avait-elle dit alors. Malgré tout, nous avions persévéré dans notre projet et signé les papiers pour divorcer à l'amiable.

Preuve que notre séparation n'avait rien de conflictuel, Jérôme m'a suggéré de prendre son avocate pour me défendre dans l'affaire Rudy.

Il y avait quelque chose d'un peu cocasse dans un tel choix – prendre l'avocate du mari trompé pour faire condamner l'amant ! – mais je me suis laissé convaincre. J'avais en effet gardé un très bon souvenir de cette jeune femme, Hélène Galluet, qui s'était montrée très humaine et délicate lors de notre procédure de divorce. Je n'ai jamais regretté cette décision. Cette femme souriante, positive, pleine d'énergie, s'est avérée un formidable soutien pendant tout le combat judiciaire. Le 8 juin 2016, elle m'a ainsi accompagnée chez la juge d'instruction, au tribunal de grande instance de Valenciennes. La magistrate voulait m'interroger sur l'affaire, c'était une étape cruciale. Je n'ai pas beaucoup de souvenirs de cette audition, sinon qu'elle a duré une grande partie de la journée. La juge était accompagnée d'une greffière et d'une élève magistrate, elle était prévenante et à l'écoute. Je suis sortie de son bureau confiante. Les preuves contre Rudy paraissaient solides.

Le matin du 1er décembre 2016, la juge d'instruction a organisé une confrontation générale dans son bureau. C'était la première fois que je revoyais Rudy depuis sa garde à vue au commissariat de Denain, quatorze mois plus tôt. Tessa et Jennyfer étaient également présentes, avec leurs avocates. Il y avait énormément de tension dans la pièce. C'était l'une des dernières étapes avant le renvoi, ou non, du dossier devant la cour d'assises. Pendant toute la matinée, les débats ont tourné autour des viols que nous avions dénoncés. Soutenu par son avocat, Rudy n'a rien lâché. À l'entendre, il ne s'était jamais rien passé avec Jennyfer. Quant aux rapports sexuels qu'ils nous avaient imposés, à Tessa et à moi, il affirmait qu'ils étaient consentis. C'était parole contre parole, un moment vraiment pénible. Jennyfer s'est mise à pleurer, sa mère avait beaucoup de mal à contrôler son stress et sa nervosité. Moi, j'ai essayé de garder mon calme, de tenir des propos clairs et cohérents malgré cette ambiance électrique.

Je suis ressortie de cette confrontation générale très inquiète, avec l'impression que le dossier s'avérait plus fragile que prévu. Rudy serait-il jugé pour viols ou pour agressions sexuelles ? Dans le premier cas, il risquait vingt ans d'emprisonnement ; dans le second, sept ans. Envisager que Rudy puisse échapper à la cour d'assises relevait du cauchemar, l'imaginer bientôt libre me donnait des frissons ! Sur les conseils de Jérôme, et avec l'accord de mon avocate, j'ai écrit au procureur de la République pour lui faire part de mes angoisses et insister sur la gravité des faits contenus dans le dossier. Je n'ai jamais su si cette initiative avait servi à quelque chose, ni si mes angoisses étaient fondées. Toujours est-il que, avec l'assentiment du procureur de la République, la juge d'instruction a signé, le 3 février 2017, l'ordonnance de mise en accusation de Rudy devant la cour d'assises du Nord. Un document dans lequel elle précise que ce dernier est renvoyé « pour l'intégralité des faits pour lesquels il a été mis en examen ». Un énorme soulagement pour Tessa, Jennyfer et moi-même, et une sacrée victoire.

30.
Le procès

Les mois ont passé, sans nouvelles du procès. Dans la mesure où Rudy restait derrière les barreaux, cette attente s'avérait supportable. Et puis la lettre recommandée est arrivée. Un beau courrier officiel dans lequel on m'indiquait que, en tant que partie civile, j'étais priée de me présenter le 2 février à 9 heures à la cour d'assises de Douai. Cette perspective était très excitante mais aussi angoissante. Il allait falloir se replonger dans l'histoire, revivre les événements, prendre la parole en public pour raconter ce calvaire. Stresser en attendant la décision de la cour, qui pouvait tout aussi bien condamner lourdement Rudy – il encourait vingt ans de réclusion criminelle – que l'acquitter ou lui infliger une peine légère lui permettant de sortir libre du tribunal.

À l'Ehpad, j'ai fait savoir à ma supérieure directe mon souhait de poser des congés le temps du procès. Sans lui donner d'explication, je n'avais pas envie de me confier. Faute de personnel pour me remplacer, elle a refusé. Je suis alors montée dans le bureau de la directrice pour lui expliquer ma situation en quelques mots. Très humaine et pleine d'empathie, celle-ci s'est levée d'un coup de son fauteuil pour poser ses mains sur mes épaules puis m'enlacer. Elle m'a accordé sans difficulté les congés que je voulais, ce qui a beaucoup fait jaser dans le service car personne ne comprenait les raisons de cette faveur. Hormis deux de mes collègues à qui j'avais expliqué à demi-mot que j'étais convoquée comme témoin dans un procès aux assises.

Quelques jours avant le procès, j'ai pris rendez-vous chez une tatoueuse. Je tenais à faire disparaître une énorme rose – je lui trouvais la forme d'un chou-fleur – que Rudy avait dessinée sur mon épaule gauche à la fin de l'année 2014. Pas question d'arriver au tribunal avec cette fleur, réalisée par celui que je voulais supprimer de ma vie à jamais ! Il a fallu une pleine journée à la tatoueuse pour recouvrir le modèle initial, avec une belle rose rouge et une boussole dessinées par mes soins. En revanche, j'ai choisi de garder la jolie phrase que Rudy m'avait un jour tatouée sous la clavicule gauche. Une expression italienne, *Finché c'è vita c'è speranza*, dont il ignorait le sens, qu'on peut traduire par « Tant qu'il y a de la vie, il y a de l'espoir ». J'en ai fait ma devise, je la porte encore aujourd'hui fièrement sur mon corps, au-dessus du cœur.

La veille de l'ouverture du procès, j'ai mal dormi. Les débats risquaient de réveiller des souvenirs douloureux, je me sentais encore fragile. En même temps, j'avais hâte que Rudy soit jugé et si possible lourdement condamné. C'était la dernière étape, celle qui devait me permettre de tourner définitivement la page. Cette nuit-là, Jérôme a dormi à la maison, nous sommes partis ensemble en voiture le lendemain matin. Il fallait compter une bonne demi-heure pour atteindre la cour d'assises, un bâtiment moderne en plein centre de Douai, sur les bords de la Scarpe. La salle B dans laquelle allaient se tenir les audiences n'était pas bien belle. Du carrelage marron au sol, de larges bancs en bois foncé, un plafond blanc à caissons éclairé par des néons blafards… l'ensemble était assez froid. Je me suis assise avec Jennyfer et Tessa sur le deuxième banc sur la gauche, juste derrière mon avocate. Rudy est entré, entouré de deux gendarmes, il s'est installé complètement sur la droite, dans une cage en verre à l'allure d'aquarium. La présidente a procédé à la formation du jury puis le greffier a fait l'appel des experts et témoins cités à comparaître. Jérôme a dû ensuite sortir, il n'avait pas le droit d'assister aux audiences jusqu'à ce qu'il témoigne le lundi suivant.

Après la lecture de l'ordonnance de mise en accusation, Rudy a pris la parole. « Pour les faits de violence, je plaide coupable mais pas pour les faits de viols », a-t-il indiqué d'une voix forte. Il s'est décrit comme « impulsif et caractériel » et « porté » sur la sexualité. À l'entendre, Tessa avait déposé plainte contre lui pour le punir de lui avoir retiré la garde de leurs enfants. Le psychiatre qui avait examiné Rudy pendant sa garde à vue a ensuite pris la parole. « Cet homme n'est pas malade mental, il est responsable de ses actes, a-t-il assuré. Mais il a des éléments de psychopathie. » Selon lui, Rudy n'avait « pas de projection quant aux conséquences de ses actes » et il montrait « peu d'empathie ». « La sexualité est aussi une façon de dominer l'autre, la violence passe par la sexualité », a-t-il jugé bon de préciser.

En fin de matinée et en début d'après-midi, Olivier D., le brigadier-chef responsable de l'enquête, est venu à la barre. Lors de ses investigations, il a assuré que personne ne lui avait dit du bien de Rudy. Ce dernier avait, selon lui, un « ascendant psychologique » sur Tessa, tandis que je m'étais montrée « beaucoup plus structurée » dans mes auditions. « Monsieur S. comprend-il la notion du viol? du non-consentement? » lui a demandé la présidente. « Non », a répondu le policier. L'une des premières compagnes de Rudy a ensuite pris la parole. Je me souviens très bien de la déposition de cette femme, contrainte à venir témoigner, qui semblait toujours amoureuse de Rudy. Au micro, elle n'a fait que contredire ses propres déclarations, faites des mois plus tôt lors des auditions. « Vous avez peur aujourd'hui? » a demandé la présidente. « Bah oui, quand même », a-t-elle répondu.

La mère de Rudy s'est ensuite exprimée, sous une pluie assourdissante l'obligeant à élever la voix pour se faire entendre. Une femme à la vie heurtée, qui a raconté l'enfance très difficile de son fils et la peur qu'il lui inspirait sur le plan physique comme sexuel. Après une brève suspension de séance, Jennyfer s'est levée pour s'approcher de la barre. Tessa lui a alors fait une petite tape amicale puis est sortie de la salle. D'une voix toute tremblante, son avocate la couvant du regard à ses côtés, elle a raconté les viols dont elle avait été victime. « J'espère qu'il admettra quand même, ça me ferait du bien, parce que j'en ai marre, ça pèse beaucoup dans ma vie », a-t-elle confié. Ses paroles étaient poignantes, j'avais la gorge nouée en l'écoutant. Mais pas Rudy, qui a nié catégoriquement avoir abusé de sa belle-fille.

« Elle a simplement eu de ma part des câlins comme j'aurais pu le faire à ma propre fille », a-t-il assuré. Avant d'ajouter : « Je ne sais pas où elle est allée chercher tout ça mais elle a été sacrément aidée. » À presque 19 heures, l'audience a été suspendue pour le week-end. Ce soir-là, on a fêté les dix ans de Lana, presque comme si de rien n'était.

Le lundi matin, je suis arrivée avec Jérôme à la cour d'assises. J'étais tendue, mais aussi un peu excitée. C'était le jour où j'allais être entendue à la barre. Pour cette occasion, je voulais porter quelque chose de sobre et chic à la fois. J'ai opté pour un chemisier à fleurs fluide et un tailleur noir avec une veste, que j'avais achetés avant de connaître Rudy. Il avait fallu que je réajuste le pantalon car j'avais beaucoup minci.

La journée a commencé par la déposition de Tessa, qui a raconté sa triste vie d'épouse, marquée par les violences physiques et sexuelles. « Et demain ? » lui a demandé l'avocat général pendant sa déposition, pour évoquer l'après procès. « Ma vie avec mes cinq enfants, c'est tout. J'ai déménagé, on essaie de se reconstruire », a-t-elle expliqué, tout en reconnaissant avoir « toujours peur de lui ». Sa mère a ensuite pris la parole, la voix tremblante, en qualité de témoin. « Je regrette de ne pas avoir aidé ma fille, ma petite-fille, je demande pardon », a-t-elle déclaré, en larmes, en justifiant son inaction « par peur des représailles ».

Après une suspension, l'audience a repris. Il était 11 h 25, c'était mon tour. Je me souviens de cette sensation étrange, celle de s'approcher du micro dans ce lieu si spécial. Je n'avais pas peur, j'étais prête, j'attendais ce moment, je voulais parler. Affronter et endurer une dernière fois cette histoire pour avancer. Je ne voulais pas donner la même image que Tessa et Jennyfer, qui avaient parlé les mains crispées, les épaules rentrées, écrasées par l'angoisse. Après les avoir écoutées religieusement, attentivement, patiemment, je voulais apparaître droite, digne de cette chance de pouvoir m'exprimer. J'espérais soulager mon cœur et, peut-être, me libérer du poids de la culpabilité et de la honte. Les premières minutes se sont mal passées, j'étais confuse, mais je me suis vite reprise. Hors de question de montrer à Rudy et à son avocat plein de dédain le moindre signe de fragilité !

Pendant une heure et quart, j'ai raconté mon histoire, dans un silence quasi religieux. « J'ai eu l'impression d'avoir vécu une éternité en même pas une année », ai-je souligné, en évoquant les deux Rudy, « celui qui dansait, riait et celui qui était violent ». Mon avocate, Me Galluet, a pris un instant la parole pour me faire remarquer, à propos de Rudy : « Vous êtes la seule à l'avoir regardé. » « Je veux lui prouver que je suis debout, que moi aussi, j'ai du caractère », lui ai-je répondu. En fin de déposition, j'ai prononcé la phrase suivante, très importante pour moi : « J'espère avoir le courage de me remettre avec mon mari qui m'attend depuis quatre ans. » Jérôme n'était pas dans la salle pour l'entendre, il n'avait pas le droit d'assister aux débats car il devait témoigner l'après-midi. Puis je me suis tournée vers Rudy pour le regarder fièrement, sans crainte. « Échec et mat », lui ai-je dit en guise de conclusion.

L'audience a été suspendue le temps du déjeuner. Je me souviens avoir mangé comme une ogresse, ce midi-là, dans une brasserie à côté du tribunal, dans une petite ruelle. Il y avait autour de la table mon avocate, Jérôme, mon ex-collègue Clément et sa femme. L'ambiance était joyeuse, je me souviens d'avoir été prise d'un fou rire très expressif, qui s'est entendu dans tout le restaurant. La pression retombait, je me sentais tellement plus légère. L'après-midi, la cour a procédé aux auditions de ma sœur, de mon beau-père, de ma belle-sœur, de mon frère, de Clément et de mon ami d'enfance Nick puis, enfin, de mon ex-mari, Jérôme. « Il a détruit Tiphanie, je ne la reconnais plus », a-t-il notamment déclaré à la barre, avant de souligner « avoir toujours des sentiments » pour moi.

« Monsieur S., levez-vous, s'il vous plaît. » À 16 h 20, la présidente a procédé à l'interrogatoire de Rudy qui, depuis le matin, n'avait quasiment pas prononcé un mot. Sans surprise, il a reconnu les violences physiques dont il s'était rendu coupable à l'encontre de Tessa et de moi. « Avec les femmes, je suis un connard », a-t-il balancé, en se décrivant comme « quelqu'un de très jaloux », qui « doit se faire soigner, réellement ». « J'ai gâché pendant une année une femme en or », a-t-il ensuite reconnu à propos de moi. En revanche, il a persisté à nier toutes les accusations de viol portées par Tessa, sa fille Jennyfer et moi-même. « Je reconnais une fois ne pas avoir arrêté en plein rapport », a-t-il simplement admis du bout des lèvres en évoquant une scène de violences sexuelles que j'avais subies. Outre la présidente, qui s'exprimait d'une voix très douce, l'avocat général et mon avocate ont aussi posé des questions à Rudy sur sa conception du viol et du consentement. Des échanges parfois très tendus, au cours desquels il est sorti de ses gonds plus d'une fois. Vers 18 heures, l'audience a été suspendue.

Le mardi matin, mon avocate a pris la parole. Dans sa plaidoirie, elle a lu des extraits du texte de 19 pages que j'avais rédigé au moment de mon dépôt de plainte, deux ans et demi plus tôt. Elle a énuméré toutes les violences physiques à mon encontre – les coups de poing, les brûlures de cigarette, les étranglements – puis s'est attardée sur ma séquestration, en juillet 2014. « À partir de ce moment-là, chaque relation physique avec Rudy S. est un viol parce qu'il y a menace, contrainte », a-t-elle asséné. Pour lui, « les femmes sont des objets au service de sa sexualité », a-t-elle ajouté en guise de conclusion. Les avocates de Tessa puis de Jennyfer ont à leur tour plaidé, pour dénoncer l'enfer qu'elles avaient elles aussi vécu à ses côtés. Sur le banc des parties civiles, nous avions du mal à contenir notre émotion ce matin-là. On s'est tenus par la main, caressé les avant-bras, passé des paquets de mouchoirs pour sécher les larmes de Jennyfer et de Tessa. Il y avait entre nous de la solidarité et de la compassion. L'audience a été levée à l'heure du déjeuner, jusqu'au lendemain matin.

Le mercredi 7 février 2018 s'annonçait comme le dernier jour du procès. L'avocat général, Mehdi Benbouzid, a pris la parole vers 9 h 30. Ce matin-là, Jérôme était à mes côtés sur le banc en bois.

« À quel moment avez-vous senti chez Rudy S. la sincérité d'une vie ? » a-t-il lancé au début de son réquisitoire, en s'adressant aux jurés. Pendant deux heures, il s'est efforcé de décortiquer les mécanismes qui conduisent à l'emprise et à la soumission de ses victimes. Il a lu des extraits de ma déposition, notamment des scènes de violence horribles et a interpellé Rudy dans sa cage en verre. « Quelles belles scènes d'amour ! » a-t-il tonné. « Rudy S. est terriblement dangereux », a-t-il prévenu à la fin de son réquisitoire, avant de réclamer une condamnation à vingt ans de réclusion criminelle, soit la peine maximale encourue, et un suivi électronique à sa sortie de prison. « Pour que plus personne n'appuie sur le bouton *play* du voyage au bout de l'enfer », a-t-il conclu.

Voix douce, feutrée, l'avocat de Rudy a alors entamé sa plaidoirie. Il a tenté de remettre en cause l'emprise que celui-ci a eue sur nous, ses trois victimes. « J'ai du mal à comprendre comment Tiphanie Bel, qui est quelqu'un de fort, a pu tomber sous l'emprise de Rudy S. », a-t-il notamment souligné, en rappelant qu'à la barre, j'étais « venue droite, avec une attitude charismatique ». Pendant une heure et vingt minutes, il a mis en doute les viols et évoqué un « complot » et la « concomitance des plaintes ». Puis plaidé l'acquittement, sauf pour les violences et le viol que Rudy avait reconnus à mon encontre. Invité à s'exprimer à son tour, ce dernier s'est mis à pleurer. « Je veux juste leur demander pardon », a-t-il déclaré. À 13 heures, la présidente a annoncé que les jurés et la Cour allaient se retirer pour délibérer. À cette annonce, mon cœur s'est mis à battre la chamade.

Je ne me rappelle pas bien les longues heures d'attente qu'il a fallu endurer. Il me semble que je les ai passées en compagnie de mon avocate et de mon ex-mari, à fumer des cigarettes sur le trottoir. Ce jour-là, outre Jérôme, mon frère et ma belle-sœur étaient présents à la cour d'assises.

Au bout de trois heures et demie, on nous a annoncé la reprise de l'audience. On est rentrés dans la salle, on s'est tous assis en silence puis relevés à l'entrée de la Cour. Doudoune plate noire, pull rayé, Rudy était tout pâle sur la droite, derrière sa vitre, suspendu aux lèvres de la présidente. Le verdict est tombé : dix-huit ans de réclusion criminelle. J'ai eu du mal à en croire mes oreilles, je n'avais jamais pensé que Rudy puisse écoper d'une peine aussi lourde. À l'énoncé, je n'ai pas sauté de joie, contrairement à Tessa et Jennyfer, mais je me souviens à quel point le mot « coupable » a plongé mon cœur et mon esprit dans une paix intérieure. Oui, nous avions été écoutées, entendues, comprises et reconnues comme victimes. J'ai tourné la tête vers Rudy dans sa cage, nos regards se sont croisés, il était sans réaction. Bizarrement, j'ai éprouvé à ce moment-là un sentiment mêlé de satisfaction et de culpabilité. Satisfaction de le savoir hors d'état de nuire, culpabilité d'avoir mis un homme en prison pour de très longues années. La soignante en moi n'était jamais bien loin…

31.
La vie aujourd'hui

Je suis restée avec mes deux filles dans la maison de la cité Werth jusqu'au début de l'été 2018. Je détestais cette habitation autant que je l'aimais, il m'a été difficile d'en partir malgré les très mauvais souvenirs qui la hantaient. Sauf que c'était pour la bonne cause : Jérôme et moi avons réemménagé ensemble en juillet, avec Lana et Ambre, dans une grande maison en briques rouges de Denain, qui jouxtait une école maternelle. Sans sa patience infinie, rien n'aurait été possible. Dans les premiers temps après le procès, j'ai eu envie de le fuir, souvent. Je n'arrivais pas à comprendre pourquoi il continuait sans relâche à vouloir refonder une famille avec celle qui l'avait brisée. Je l'ai repoussé longtemps, je pensais qu'il partirait, mais non, il s'est accroché et a combattu férocement mes fantômes tout en me laissant avancer à mon rythme. J'ai encore ses lettres et les souvenirs de nos soirées à discuter sans fin jusqu'au petit matin.

Pendant des mois, personne hormis mes filles n'a pu me toucher ni même s'approcher de moi. À de nombreuses reprises, Jérôme a dû esquiver mes coups de poing. Ceux que je donnais, par réflexe, lorsque je sentais une présence inconnue dans mon dos. Il a ainsi fallu du temps pour qu'on retrouve, lui et moi, une intimité. Dans ma tête, mon cœur et mon corps, je n'étais pas prête à retrouver une vie de femme. Et pourtant ! Le 2 juin 2019, la famille s'est agrandie à nouveau : j'ai accouché de Lou, une adorable petite fille, symbole de ce couple amoureux que Jérôme et moi formions à nouveau. À peine deux ans plus tard, le 30 avril 2021, Naos a pointé le bout de son nez. Un premier garçon dans la fratrie, pour nous qui avions déjà quatre filles…

Dix-huit mois se sont encore écoulés jusqu'au 3 novembre 2022. En fin d'après-midi ce jeudi-là, on s'est retrouvés Jérôme et moi devant le bâtiment en briques orange de la mairie de Douchy-les-Mines. Lui dans une veste de costume noire, moi dans une robe blanche enfilée par-dessus mon jean et mes boots. La robe, je l'avais achetée d'occasion – 20 euros ! – et cachée chez ma voisine, chez qui je m'étais apprêtée en dix minutes chrono. Dix ans jour pour jour après notre premier mariage, Jérôme et moi nous sommes dit « oui » une seconde fois, entourés de nos seuls témoins, avec le petit dernier sur les genoux. L'adjointe au maire avait accepté de célébrer notre union en pleine semaine, à la date anniversaire, elle trouvait notre histoire très touchante. Devant elle, nous n'avons pas eu besoin d'échanger nos alliances, nous les portions déjà ! J'avais remis la mienne dès que Rudy avait disparu de la circulation, au printemps 2015, alors que j'avais encore la main droite dans le plâtre. Le soir de notre remariage, nous avons organisé une grande fête à la maison avec nos voisins, nos familles, nos amis. C'était un moment très joyeux et sans chichis, conclu par un lancer de ballons.

Trois ans plus tard, à l'heure où s'achève ce récit, notre maison de Douchy-les-Mines est pleine comme un œuf. Outre nos quatre enfants, Jérôme et moi accueillons dans notre foyer trois autres adolescents : mon neveu, fils aîné de mon frère, ainsi que mes deux demi-sœurs, nées de la seconde union de mon père aujourd'hui décédé. Notre PME familiale pourrait même continuer de grossir : je cherche un agrément pour devenir assistante familiale. Soigner, aider, accueillir, aimer… Voilà ce qui donne du sens à ma vie. Ces moteurs personnels, Rudy ne les a pas éteints, pas même abîmés. Ils rugissent encore et toujours, et c'est une immense source de fierté. Lorsque j'étais au plus mal, j'ai toujours fait de mon mieux pour rester une bonne personne, fidèle à ses valeurs. Maintenant que je suis heureuse, pleinement épanouie comme femme et comme mère, je veux faire rayonner cette joie de vivre autour de moi.

En ces premiers jours de l'automne, voilà exactement neuf ans que Rudy se trouve derrière les barreaux. Pendant toutes ces années, j'ai très peu raconté mon histoire. Mes collègues de travail et amis en ont bien découvert quelques bribes au travers de deux émissions télé auxquelles j'ai participé, mais personne n'en connaît les détails. Dans mon cercle familial aussi, je m'en suis tenue au silence radio. Je n'ai ainsi jamais reparlé de cette histoire avec ma mère, mon frère, ma sœur. Peut-être à tort, car ce non-dit pèse sur nos relations : il y a des questions dérangeantes que je n'ai jamais osé poser, de peur de réveiller des fantômes et d'entendre leurs réponses… Avec mes deux grandes filles aussi, je suis restée discrète. Elles savent que leur mère a subi des violences de la part d'un sinistre individu, mais pas beaucoup plus.

Au printemps, le commissariat de Denain m'a appelée. Rudy avait fait une demande de permission de sortir, on voulait m'auditionner pour savoir ce que j'en pensais. « Si ça se trouve, il est encore amoureux et reviendra vous voir », a fait remarquer le policier lors de cette entrevue. Quelle incroyable délicatesse ! Cela en dit long sur le manque de formation, persistant, des forces de l'ordre sur les questions de violence conjugale. L'agent s'est dit aussi étonné du calme et de la distance que je manifestais, cela tranchait avec les hurlements de colère de Tessa et Jennyfer, préalablement interrogées. Depuis le procès, on ne s'est plus vraiment parlé, chacune est retournée dans sa vie. Aujourd'hui encore, le regard que je porte sur Tessa est ambivalent : je la vois comme une victime, mais aussi comme une complice de ce que j'ai subi. Avec Jennyfer, qui est deux fois maman, c'est plus chaleureux. Lorsqu'on se croise dans la rue, on prend le temps de se saluer et d'échanger quelques mots amicaux.

Au commissariat, je ne me suis pas opposée à la demande formulée par Rudy. La perspective de le savoir dehors ne m'enchantait pas, mais je savais que ce jour devait arriver. Et sans doute dans un futur pas si lointain puisqu'il a aujourd'hui exécuté plus de la moitié de sa peine. J'aimerais croire qu'il a pris conscience de ses actes, qu'il s'est soigné, qu'il profitera de sa liberté retrouvée pour devenir un autre homme. Mais cela me semble très improbable, j'ai peu d'espoir qu'il ait véritablement changé. Lorsque

Rudy bénéficiera d'une libération conditionnelle, j'espère en être avertie au préalable. Histoire de pouvoir m'y préparer, avec Jérôme à mes côtés. Ai-je peur de ce moment ? Je m'y refuse, je ne lui ferai pas ce cadeau. Ma vie est ailleurs, entourée de ceux que j'aime. Et Rudy n'y a pas sa place.

Postface

Si je devais décrire Tiphanie en un mot, ce serait le mot *résilience*. Je n'ai jamais rencontré une femme avec autant de ressources et de qualités humaines.

En juin 2016, une jeune femme prend rendez-vous dans mon étude dans le cadre d'un dossier d'instruction, en vue d'une audition de partie civile et de victime devant le magistrat instructeur. Lorsque je découvre son nom de famille, je réalise qu'il s'agit de l'ex-femme d'un de mes clients, dont je me suis occupée du divorce. Impossible pour moi de la recevoir. Cependant, mon assistante précise que c'est son ex-mari qui a pris rendez-vous pour elle. Il a beaucoup insisté pour que je la reçoive personnellement.

Je reçois donc Tiphanie dans mon bureau pendant plus d'une heure. Le contact passe immédiatement, mais pour qu'elle puisse se confier à moi en toute transparence, je lui dis qu'elle peut tout me raconter. Quoi qu'elle ait subi, je peux tout entendre. Elle ne doit ressentir aucune gêne.

Elle va ainsi m'expliquer ce dont elle a été victime avec son dernier conjoint, mais aussi ce dont ont été victimes la femme, Tessa, et la belle-fille de cet individu. Ce jour-là, même si je sens que c'est une femme résiliente, je devine que son dépôt de plainte et toutes ses démarches sont effectués pour elle évidemment, mais surtout pour aider Tessa, cette femme vulnérable, sous emprise, qui n'arrive pas à se protéger elle-même ni à préserver sa propre fille de cet homme. Tiphanie n'a jamais consulté d'avocat, même avant son dépôt de plainte, mais elle décide de se rapprocher de moi lorsqu'elle reçoit la convocation du juge d'instruction. Elle est forte, mais elle a besoin d'être aiguillée, rassurée et, surtout, elle doit entendre qu'elle est une victime. Elle ne doit en rien culpabiliser.

J'ai assisté Tiphanie devant le juge d'instruction pendant plus de trois heures. Elle a dû, une fois de plus, raconter au juge d'instruction toutes les horreurs qu'elle et Tessa ont pu subir durant de nombreux mois – tous les détails intimes et sordides des faits dont elles ont été victimes. Je reste fortement marquée par cette audition.

Six mois après cette première audition, vient le temps de la confrontation générale dans le bureau du juge d'instruction. Tandis que nous attendions sur le banc près du bureau du magistrat, nous avons vu Rudy S. escorté par deux policiers. Tiphanie a pris ma main et l'a serrée très fort.

Quel courage, quelle dignité, quelle force elle a eus d'avoir réitéré ses accusations devant lui ! Pour que ces dossiers aboutissent, ces confrontations sont essentielles, mais elles sont aussi indispensables pour les victimes. Pour Tiphanie, je crois que cette confrontation lui a permis de reprendre le pouvoir, de lui montrer qu'elle n'était plus sous son influence, qu'elle était beaucoup plus forte qu'il ne le pensait.

Bien sûr que Tiphanie a eu peur de cette machine judiciaire : va-t-on me croire ? C'est la question que se posent toujours les victimes. Mon travail à moi a été de la rassurer, de lui redonner confiance en elle, de lui rappeler que c'était elle la victime et de lui répéter, chaque fois que je le pouvais et quand je la sentais moins confiante, que toute cette procédure aboutirait, j'en étais sûre, devant une cour d'assises.

Le temps de la cour d'assises est enfin venu, en février 2018. Ces jours d'audience ont été longs, mais tellement salvateurs pour Tiphanie.

Elle s'est montrée d'une grande dignité, contrainte,

une fois de plus, à raconter les horreurs dont elle a été victime. Elle n'a montré aucun signe de haine ou de vengeance à l'encontre de l'accusé malgré les déclarations de ce dernier devant la Cour.

Lors des dépositions de mes clients en tant que victimes devant une cour d'assises, je me tiens généralement toujours à côté d'eux, debout, simplement pour qu'ils sachent que je suis là, qu'ils ne sont pas seuls. Pour Tiphanie, les choses ont été différentes : je me suis levée au début de sa déposition et suis restée à ses côtés, mais j'ai dû me rasseoir rapidement, mes quatre mois de grossesse ne me permettaient pas à cette époque de rester debout. Mais Tiphanie n'avait plus besoin de ma protection. Quand je l'ai une fois de plus entendue, j'ai su, ce jour-là, qu'elle était dorénavant libérée et qu'elle avait repris les commandes de sa vie.

Lorsqu'on apprend à connaître Tiphanie, on se demande comment cette femme si intelligente a pu se retrouver sous l'influence de cet homme. Mais c'est une femme pleine d'empathie, totalement au service de l'Autre dans sa vie. Je pense qu'elle a cru longtemps qu'elle pourrait l'aider à changer – le « sauver ». Évidemment, cela n'a pas été le cas.

Certaines victimes restent aux côtés de leur bourreau pendant des années. Parce qu'elles ont encore des sentiments malgré toutes les souffrances subies.

Parce qu'elles craignent les réactions des enfants lorsqu'elles en ont. Parce que certaines fragilités liées à leur propre passé d'enfant (absence de l'un des parents, sentiment d'abandon) les amèneront à supporter leur calvaire, de peur que leurs enfants puissent un jour leur reprocher leur départ.

Parfois, ces femmes ont, elles aussi, vu leur propre mère se faire violenter par leur père et, finalement, la violence devient une normalité dans l'histoire d'un couple. Parfois aussi, ces femmes sont économiquement vulnérables : elles ne travaillent pas, restent à domicile pour s'occuper de leurs enfants et dépendent entièrement du salaire de leur compagnon.

Si ces femmes ne savent pas partir ou dénoncer, cela ne veut strictement pas dire qu'elles ne sont pas ou qu'elles n'ont pas été victimes.

Toutes les victimes de violences conjugales et/ou sexuelles n'ont pas la force, la hauteur de Tiphanie pour apprendre à survivre. De plus, personne ne peut imaginer ce que vivent ces femmes qui déposent plainte, du début de la procédure jusqu'au procès.

Le dépôt de plainte est une étape essentielle et dans le cas de Tiphanie, aucun des policiers ne souhaitait prendre la sienne. « *Mais Madame, vous dénoncez des faits de viol, il n'y a que votre parole... Vous êtes en couple, il nous faudrait un élément maté-*

riel, sinon votre plainte n'aboutira pas... » Jusqu'à ce qu'un officier de police judiciaire prenne la mesure des horreurs qu'elle avait subies.

Voici le genre de propos que les victimes peuvent entendre, alors même qu'elles ont enfin réussi à pousser la porte d'un commissariat – alors même qu'elles ont enfin réussi à surmonter leurs peurs et pris conscience de l'anormalité de la situation.

C'est un véritable combat : elles doivent répéter et encore répéter les faits qu'elles ont dénoncés, les détails intimes mais tellement cruciaux pour les professionnels du droit dans le cadre d'un dossier. Leur parole est souvent remise en doute, les policiers enquêtant à charge et à décharge.

Ces victimes doivent faire l'objet d'examens médicaux intimes afin que le médecin légiste puisse relever les traces de violences sur l'ensemble de leur corps. Elles doivent de nouveau se dévoiler devant un parfait inconnu, médecin certes, mais inconnu quand même. Elles doivent être mises en présence de leurs agresseurs et confrontées, souvent, à leurs dénégations : dans le cadre de la procédure de police au commissariat, mais aussi dans le bureau du juge d'instruction et la confrontation finale en cour d'assises ou devant un tribunal correctionnel.

Toutes ces étapes sont cependant nécessaires pour parvenir à établir une culpabilité et pour qu'une décision judiciaire soit prise en respectant tous les grands principes de notre État de droit : la présomption d'innocence jusqu'à ce qu'une décision judiciaire vienne établir la culpabilité, le droit à un procès équitable, le droit d'être défendu par un avocat.

Ces victimes subissent la lenteur de notre Justice, consécutive aux manques de moyens matériels et humains que connaît notre institution judiciaire.

Hélène Galluet
Avocate

La collection

Les faits divers interrogent nos choix et notre perception de la vie. Créée et dirigée par Plana Radenovic, la collection « Polars réels » a pour ambition de donner la parole aux acteurs des affaires judiciaires – avocats, magistrats, victimes, mis en cause, enquêteurs, experts – et, plus largement, à tous ceux capables de raconter un dossier d'instruction comme un polar réel.

Table des matières

Composition et mise en page : Thomas Ragage

Achevé d'imprimer par Corlet

14110 Condé-en-Normandie

N° d'impression : 24120638

Dépôt légal : janvier 2025

N° d'édition : 00377